Carluccio Bonesso

Se vuoi essere felice…
Riflessioni sulla felicità

SITI - Società Italiana di Timologia

ISBN: 1500488550
ISBN-13: 978-1500488550

SITI
Società Italiana di Timologia
via Giovan Battista Vaccarini, 36 - Palermo
C.F. 0000097291200826
www.timologia.org

Nota dell'editore
Il Seguente testo è frutto della rielaborazione libera di una precedente pubblicazione dello stesso autore dal titolo *Per forza o per amore?* Editrice Segno - Udine, 2002

" Io sono venuto
perché abbiano la vita
e l'abbiano in abbondanza."
Gv 10,10.

Dedicato ai pellegrini dell'essere.

PREMESSA

Il 9 aprile del duemila terminavo di scrivere il libro "Per forza o per amore? Lettera ai miei scolari".

Dopo di allora la mia ricerca è andata avanti, si è fatta più complessa ed ho collaborato ad un nuovo volume: "Emozioni per crescere. Come educare l'emotività" scritto a quattro mani con Manuela A. Cervi, pubblicato con l'Editore Armando di Roma nel 2008.

Alcune di quelle posizioni sono ulteriormente maturate e hanno dato luogo ad un nuovo paradigma concretizzato nella pubblicazione "La timologia, scienza delle emozioni", editore Rubbettino, frutto del lavoro compiuto con l'amico Arrigo Sartori.

Rileggendo dopo anni il primo libro ho sentito il bisogno di rivederlo, ma cammin facendo l'ho radicalmente cambiato, facendo riferimento al modello elaborato con Arrigo che chiarisce e modifica ulteriormente la prospettiva di allora.

Ne è nata una cosa nuova!

Il libro non avrà più come riferimento i miei scolari delle elementari, perché nel frattempo ho insegnato agli studenti delle superiori, sono andato in pensione, ho fondato la SITI, società italiana di timologia e la mia platea di ascoltatori si è allargata a tutte le età in giro per l'Italia.

Il lavoro di rimaneggiamento, pur essendo frutto dello stesso atteggiamento, è più sintetico e mira a suggerire quanto già la grande tradizione culturale, spirituale e religiosa dice da sempre, mentre la frenesia della nostra quotidianità stenta a trovare lo spazio per l'ascolto.

Il mio argomentare vuol essere un suggerire, un riproporre l'antico sapere, ma anche un mettere in dubbio quella coltura dominante che identifica la felicità con il piacere e la soddisfazione, riducendo l'esperienza umana ad un frenetico esercizio del consumo e dell'eccitazione.

Desiderare d'esser felici è l'intima aspirazione d'ogni umano, ma illudere che dipenda dal benessere materiale è un tradimento, sul quale desidero portare la vostra riflessione.

Buona lettura.

San Bonifacio giugno 2014

INDICE

PREFAZIONE
di *Diego Fabra*

Una sera un amico mi invita a cena, per conoscere una persona che definisce "speciale". Accetto, un po' per curiosità e un po' con la gratitudine di chi ha voglia di lasciarsi stupire. "Vedrai che forza - dice il mio amico - l'ho ascoltato un giorno alla radio e sono rimasto folgorato! ... Ho fatto di tutto per mettermi in contatto con lui. Sono riuscito a organizzare alcuni incontri con studenti della nostra città, e stasera sarà a casa mia, a cena. Vieni a conoscerlo. Si chiama Carluccio Bonesso".

Vado.

Carluccio è un uomo dal viso sorridente e dai modi affabili. Dopo le presentazioni cerca subito di stabilire con noi un contatto autentico, lontano dai convenevoli e dalle normali fasi di "studio" che caratterizzano l'inizio di ogni nuovo incontro. La sensazione è di averlo già conosciuto, ma è solo una sensazione. In qualche modo è familiare. Quando parla tocca il cuore e mette in moto anche curiosità e interesse. Possiede una cultura ampia, radicata, da profondo conoscitore della vita e dei suoi segreti. Ma non crea distanze, anzi. Mi accorgo che ognuno di noi ha qualcosa di personale da chiedergli, e lui non sembra mai spazientirsi…

È un mago della grafologia. Distribuisce carta e penna a ognuno di noi. Poi trae, dai segni tracciati, tutti gli elementi per comprendere i lati nascosti del nostro carattere, le modalità con cui ci relazioniamo, la visione personale della religione, del sesso, della famiglia. Siamo attratti da una personalità così affascinante. Ma il colpo a sorpresa deve ancora venire.

Sollecitato dal padrone di casa, Carluccio Bonesso inizia a parlare delle *emozioni*, catalogandole, descrivendole e dandoci una visione chiara dei principali stati d'animo che da sempre spingono l'uomo a vivere. Le emozioni sono come un motore sempre acceso. Lui parla con passione, si accalora e a noi sale la voglia di saperne di più, di dire la nostra, di confrontarci. Mentre lo ascoltiamo sembra tutto molto chiaro e ci chiediamo se veramente abbiamo compreso qualcosa del nostro mondo interiore. Vorremmo capire, insomma, se siamo *ricchi o poveri*, se il nostro cuore è buono o adulterato, se possiamo fidarci di noi stessi o se dobbiamo rivedere qualcosa.

Un uomo si sforza di conoscere sé stesso, gli altri si abbeverano alla sua scienza. Questa è la magia di Carluccio Bonesso; lui, come tutti i veri cultori delle scienze umanistiche. Mentre compie tale magico sforzo riesce ad aprire con delicatezza il cuore e la mente di chi lo ascolta, con la dolcezza di chi – forte e generoso – desidera aiutare chi forte non è.

Apprendiamo così che nel grande gioco della vita non siamo delle palle da biliardo, che interagiscono tra loro, ma siamo "pensanti". Abbiamo – quindi - una relazione con *l'interno* che ci rende unici in tutto il creato.

"I nostri interlocutori costanti – afferma Bonesso – sono gli altri, la società, l'ambiente, il corpo, la memoria, l'omeostasi".

Tutte le nostre azioni sono legate alla *relazione*: alcune azioni sono legate proprio ai motivi che ci spingono ad agire; altre, invece, ad eventi che suscitano in noi *emozioni*. Sono proprio le emozioni che ci spingono a rispondere agli stimoli esterni.

"L'emozione è qualcosa di più dell'atto del sentire – afferma Bonesso - e il sentimento è qualcosa di più dell'emotività: il compito delle emozioni è distinguere tutti gli stimoli fornendo le strategie adatte ad affrontarli".

Siamo rapiti, curiosi, ammirati. Le emozioni appaiono come un motore, assolutamente perfetto. Ognuna serve a qualcosa, e si colloca saggiamente nel nostro vissuto. Bonesso è in grado di catalogarle senza apparire pedante o artificioso. Anzi, tutto appare limpido e chiaro. L'analisi attenta di ogni termine restituisce dignità, valore e profondità al mondo delle parole.

Lui ci attira anche parlando di aspetti curiosi, come la presenza dei significati e dei sinonimi di ogni emozione, presenti nei vocabolari italiani. Emozioni come la rabbia dispongono di un numero molto maggiore di termini connessi, piuttosto che le emozioni legate all'amicizia, all'amore, alla bontà, alla pietà... Senza parlare, poi, dei pochissimi termini legati alla parola felicità!

"Se l'ampiezza lessicale fosse analoga alla frequenza esperienziale – cita Bonesso - allora si dovrebbe concludere che la nostra cultura nazionale è tendenzialmente rancorosa, triste e paurosa, perché i soli 49 termini della felicità ci danno sereni e felici solo sporadicamente".

Nell'analizzare le emozioni è bene studiare gli opposti: il positivo e il negativo di ogni disposizione interiore. Ad esempio l'amore viene descritto da Bonesso come "la sostanza felice ed originale di tutto". Da esso deriva lo stupore, che apre alla bellezza e all'ammirazione, e da esso proviene anche lo sguardo che può contemplare il volto del bene.

Il sospetto e l'invidia, al contrario, allontanano e condannano alla solitudine della paura e dell'ostilità.

"Ogni relazione che voglia essere portatrice di felicità deve liberarsi dai sentimenti ostili, smettere di fare una questione vitale di tutto ciò che è solamente un'evenienza spiacevole".

Gli studi di Carluccio Bonesso sono improntati ad una profonda libertà intellettuale. Nell'accostare i temi del sacro, dell'uomo spirituale, riesce a non chiudere gli steccati. Del resto, non c'è ricerca del bene supremo che non sia sostenibile. La saggezza orientale, la tradizione cristiana, i libri sacri hanno pur sempre tutti una regola d'oro condivisa.

L'uomo può cedere alla nostalgia dell'Assoluto o alla dimenticanza di esso, sentimento che ci rimanda al torpore spirituale. Ma la perdita del senso dell'assoluto genera sempre fughe e dipendenze. Anche qui: l'uomo, ogni uomo, quale relazione privilegerà?

Carluccio Bonesso, partendo dalle riflessioni sulla misericordia di Dio, riflessioni lunghe una vita intera, giunge ad una conclusione sorprendente. "In buona sostanza ho cominciato a pensare che dietro ogni malessere dell'animo si nascondesse qualcosa di non accettato, non perdonato, non accolto. Per cui davanti ad ogni lamento o malumore mi ponevo la domanda: cosa non si perdona o non si sta perdonando?"

Nasce da queste riflessioni *la terapia del perdono*. E' un'autentica rivelazione.

Il perdono è *mamma*: è grembo accogliente e sicuro. Bonesso ne è talmente certo da affermare che Dio stesso mostra la sua maternità nei nostri confronti, perché è puro Amore. È l'amore il livello più alto della relazione, l'unico che possa regalare la felicità. Il perdono non è un'emozione, ma un processo volontario, che costa fatica. "Ma - afferma Carluccio Bonesso - Se vuoi essere felice, esercitati continuamente nel perdono e nella gratitudine".

Insomma, la felicità risiede profondamente in noi stessi. Il libro che state per leggere fornisce delle chiavi autentiche, condivise da saggezze limpide e, tutto sommato, nemmeno difficili da acquisire. Occorre orientarsi, dirigere la propria esistenza, come i girasoli in un campo baciato dal sole.

Permettetemi un solo ringraziamento. Al mio amico che mi ha presentato una persona davvero speciale!

Capitolo I
LA FELICITÀ

L'Eden

... il Signore Dio
piantò un giardino in Eden,
a oriente,
e vi collocò l'uomo
che aveva plasmato.
Il Signore Dio
fece germogliare dal suolo
ogni sorta di alberi graditi alla vista
e buoni da mangiare ... (Gen 2, 8-9)

... il Signore Dio
passeggiava nel giardino
alla brezza del giorno ... (Gen 3, 8)

Cos'è la felicità?

Tutti siamo convinti di sapere cos'è la felicità, almeno fino al momento che qualcuno non ci ponga la domanda. Immediatamente ci si ritroverebbe a cercare di mettere insieme delle parole ... a volte poco felici!

Se interroghiamo il vocabolario, anziché chiarirci le idee ne rimaniamo più confusi, perché mette insieme contentezza con godimento, esultanza con soddisfazione, fortuna con abilità. C'è di che rimanerne perplessi. Intanto che c'entra la fortuna o l'abilità con la felicità?

All'inizio della nostra civiltà si trova il Libro Sacro, che fornisce fin dalle prime pagine una sua idea di felicità ben precisa. Si parla di un giardino, ricco di piante meravigliose cariche di buoni frutti, in cui si passeggia con Dio alla brezza del giorno. Si tratta di una condizione di totale serenità, priva di qualunque minaccia: un vivere con Dio! E già qui alcuni sinonimi riportati dai vocabolari saltano.

Perché non siamo più in grado di rispondere con immediatezza a questa domanda? E qualora si volesse cercare una risposta, come mai si utilizzano significati così diversi fra loro? Cos'è accaduto? Voler essere felici senza sapere cos'è la felicità, è come voler andare in cerca di qualcosa senza sapere cos'é.

Se nella Bibbia la natura della felicità è così chiara fin dall'inizio, non lo è così nella storia. Col trascorrere dei secoli e nell'incontro con le altre culture sono mutati gli atteggiamenti, i modi di pensare e al significato originale ne sono stati associati degli altri tanto diversi da travisarne l'idea. Per comprendere la felicità occorre andarla a cercare là dove è possibile che accada.

Osservando la quotidianità del nostro vivere potremmo descrivere tutto quanto accade con due sole parole: **azioni** e **relazioni**. Tutto è un fare ed un relazionarsi.

Tutti respiriamo, mangiamo, andiamo e veniamo, facciamo: stiamo sempre facendo qualcosa! Ma la nostra vita non è fatta solo di azioni, come la nostra cultura ci porta normalmente a credere. L'occidente vive da sempre dentro il mito dell'**azione**. Tutto il grande progresso parte da questo atteggiamento di fondo: fare, costruire, inventare per cambiare, produrre, avere successo … Ma alla fine d'un agire così frenetico e bulimico, l'occidente non è per niente felice! Certamente il benessere è aumentato, il poter fare ed acquisire si è moltiplicato ed il successo è alla portata d'un numero maggiore di persone. Soddisfazione, piacere e qualche volta la gioia del risultato raggiunto sfiorano la vita di molti, ma niente felicità! L'uomo occidentale non è mai stato così depresso: va avanti a farmaci antidepressivi, antidolorifici ed inventa continuamente droghe d'ogni tipo per placare le sue ansie e tristezze. Di felicità se ne parla poco ed è considerata una chimera.

Dov'è l'errore? Semplicemente si è cercato la felicità nel posto sbagliato.

L'azione, qualunque azione, è guidata dalla coppia emotiva delle emozioni opposte della fiducia/paura. Quando c'è un pericolo, reale o presunto, la paura interviene ad inibire o bloccare l'azione e ad evitare il danno possibile. Quando invece la situazione è sicura, allora la fiducia spinge all'azione. Il risultato positivo del fare è segnalato dal piacere o addirittura dalla gioia nei risultati esaltanti. Mentre il fallimento, la sconfitta o la perdita ci vengono evidenziati dalla tristezza. Come si vede in questo racconto non compare mai la felicità, perché la felicità **non consegue** alle azioni.

Si deve cercare da un'altra parte!

L'atteggiamento maniacale del fare occidentale ci ha fatto dimenticare la **relazione**. E la dimenticanza è tragica, perché la relazione trasporta il **motivo che muove il fare** e segnala in quale relazione, in quale rapporto stiamo con il nostro fare, con noi stessi, gli altri ed il mondo.

Si tratta dell'atteggiamento di fondo. Ciò che caratterizza la relazione è l'atteggiamento che si assume. In ogni situazione si può essere pro o contro, favorevoli o ostili: esser cioè dentro una relazione, un rapporto filiaco, cioè affettuoso, oppure rabbioso, cioè ostile.

Si agisce per amore o si è contro.

La relazione, qualunque relazione, è guidata invece dalla coppia emotiva delle emozioni opposte della filia/rabbia. Quando c'è un nemico, reale o presunto che sia, la rabbia interviene a creare ostilità e conflitto. Quando invece si è in presenza di amici, di persone amate o situazioni e cose positive, allora la relazione è favorevole, cioè filiaca (al greco *philìa*, amore, simpatia, amicizia, affetto, affinità). La conseguenza d'un relazionarsi positivo è segnalato dalla serenità, dalla pace o addirittura dalla **felicità**. Mentre le relazioni ostili sono segnalate dal tormento o dal senso di colpa.

Finalmente compare la felicità, l'emozione che discende dalle relazioni positive, pacifiche, serene ed affettuose. La felicità consegue dunque all'amore, che è quel sentire profondamente favorevole, amicale, empatico che genera le azioni positive, alias felici.

Un regalo è sempre un regalo. Ma la felicità di un regalo nasce dalla relazione che sta dietro, la quale trasporta un'intenzione positiva. Ma se l'intenzione fosse perversa (esempio: umiliare l'altro), allora non genererebbe mai felicità, perché tutto dipende dalla qualità della relazione.

Si può essere ricchi quanto si vuole, soddisfati all'inverosimile e pieni di successo, ma essere infelici. La felicità non dipende dalle azioni, ma dalle relazioni che precedono e generano le azioni. Le relazioni guidate dall'amore producono azioni positive che fanno felici.

Per meglio comprendere occorre fare un ulteriore passo in profondità.

Cosa contiene ogni relazione?

Dentro ogni relazione c'è sempre un'intenzione o, per usare un termine più corretto, una motivazione. Per capire in quale relazione io sto con questo mio scrivere, devo pormi la domanda: "Per quale motivo mi sto affannando o entusiasmando dietro le parole che sto ticchettando sulla tastiera del computer?"

Fondamentalmente le risposte sono di tre tipi:
- 1. "Lo faccio per interesse, cioè per guadagno, o per sopravvivenza."
- 2. "Lo faccio per la mia gloria, per aver successo, per una mia realizzazione."
- 3. "Lo faccio perché ha senso e significato farlo e per una finalità positiva, cioè per amore."

Ognuna delle tre risposte ha dietro dei bisogni ben precisi:
- la prima, i bisogni primari di sopravvivenza, che sono il nutrimento, il possesso e la riproduzione;
- la seconda, i bisogni secondari sociali e psicologici, come la stima, l'autoefficacia, il successo, l'affetto e la sicurezza;
- e la terza, ai bisogni spirituali di senso, significato e finalità, come la verità, il bene, la giustizia e la bellezza.

Ora chi agisce mosso dalle motivazioni di primo tipo, quando tutto andasse per il verso giusto, sarà soddisfatto, nel mio caso dal guadagno della vendita del libro. Fare grossi guadagni ed arricchirsi dà soddisfazione, placa la fame. Ma questo ordine di cose sottostà alla legge dell'**assuefazione**. Dopo una prima soddisfazione per un guadagno il desiderio aumenta e non basta più, e allora via a cercare di guadagnare e possedere di più presi da un meccanismo in cui non è più la libertà della persona a dirigere il gioco, ma la ricchezza con tutte le sue schiavitù. Allora se prima soddisfaceva il motorino, poi ci vuole la macchina, poi lo yacht, poi l'elicottero, poi, poi ... E questo vale per ogni altra cosa.

Le motivazioni di secondo tipo sottostanno alla legge dell'**approvazione**, perciò la persona che segue queste motivazioni è sempre alla ricerca dell'applauso e la sua libertà è alla mercé dei gusti e delle mode del momento. Per restare sul podio più alto della vita, provando piacere e gioia, si è disposti a fare qualunque cosa che soddisfi le aspettative degli altri e a mettere in campo qualunque strategia per eliminare i concorrenti. I forzati del successo sono dentro ognuno di noi ed intorno a noi eternamente alla rincorsa della moda, dell'approvazione, della visibilità: sembra che non possano vivere senza gli applausi.

Le motivazioni spirituali sottostanno invece alla legge del **giusto**, **vero**, **buono** e **bello**. Chi segue questo tipo di motivazioni cerca nel suo relazionarsi ed agire, d'esser vero ed autentico, mai falso; d'esser buono, mai ostile o peggio ancora distruttivo; d'esser giusto, evitando furbizie ed ingiustizie; ed infine comportarsi secondo regole di bellezza, ovverosia con gentilezza e profondo rispetto. Sono le persone che ci fan sentire ascoltati ed accolti e con le quali non ci si stanca mai di stare insieme, perché la loro è presenza d'amore.

Ovviamente tutte e tre le motivazioni sono in qualche modo sempre presenti. Chi lavora certamente vuol guadagnare il pane della sopravvivenza. Inoltre si aspetta d'essere efficace ed apprezzato. Relazionarsi ed agire poi secondo senso, significato e finalità è quantomeno intelligente.

Il problema della felicità sta tutto nel saper mettere al primo posto nella gerarchia delle motivazioni quelle più alte, perché chi privilegia le motivazione di primo tipo potrà esser soddisfatto, ma mai felice; chi invece rincorre il successo potrà al massimo provar gioia e piacere; mentre solo chi pone alla sommità della scala delle motivazioni l'amore per la giustizia, per il bene, per la verità e per la bellezza potrà gustare la felicità.

Certamente le motivazioni che stanno dietro le nostre relazioni ed azioni sono note solo alla coscienza del singolo, ma col tempo il segreto non durerà più di tanto, perché verrà a galla l'interesse o il successo o l'amore, l'avarizia o l'egocentrismo o la dedizione.

La felicità

Dopo quanto detto si può provare a rispondere alla domanda iniziale: "Che cos'è la felicità?"

Innanzitutto è un'emozione, anche se assomiglia spesso ad un modo d'essere, quasi ad un atteggiamento dell'anima. La parola emozione viene dal latino *ex-moveo*, mosso-da. L'emozione ha la funzione di spingerci a rispondere agli eventi e agli stimoli provenienti dall'ambiente, dal corpo e dalla memoria, che vanno a sollecitare i nostri bisogni. Quindi ogni emozione ha il compito di indicarci come adattarci alle varie situazioni contingenti. Se non avessimo paura, non eviteremmo i pericoli *(paura = mosso dal pericolo)*; se fossimo privi della rabbia, non reagiremmo alle minacce ed alle ingiustizie *(rabbia = mosso dalla minaccia)*; senza la repulsione si finirebbe per contaminarsi, sporcarsi ed ammalarsi ... *(repulsione = mosso da pericolo della contaminazione)*.

Ogni emozione si è evoluta per una scopo ben specifico, in assenza della quale la sopravvivenza sarebbe in pericolo, giacché verrebbe a mancare la capacità di riconoscere lo stimolo e quindi di soddisfare il bisogno corrispondente.

L'emozione è qualcosa di più dell'atto del sentire, il sentimento, qualcosa di più dell'emotività, un sommovimento interiore, perché svolge nella vita animale il compito di distinguere tutti gli stimoli e di fornire le strategie adatte ad affrontarli. La paura riconosce il pericolo e mette in atto la fuga o la difesa; la fiducia vede le possibilità e mette in moto le azioni.

Ogni emozione svolge nella vita un compito fondamentale ed insostituibile, in assenza della quale si parla di psicopatia, come chi ad esempio non distingue il pericolo o le regole.

Il funzionamento dell'emozione si svolge secondo una sequenza ben precisa in quattro momenti fondamentali:

input → valutazione → attivazione → output.

Esemplificando. Input: vedo un uomo armato; valutazione di pericolo; attivazione: il corpo si tende; output: fuga.

L'input è qualunque stimolo esterno, che interessi i sensi, e qualunque messaggio arrivi dall'interno del corpo al sistema nervoso centrale. La valutazione ha invece la funzione di riconoscere la natura dello stimolo. L'attivazione mette in moto lo schema cerebrale e nervoso di risposta che attiva l'organismo. L'output è la vera e propria risposta allo stimolo, scelta dalla valutazione, preparata e resa disponibile dall'attivazione. Non va dimenticato che tutto questo accade in una frazione di secondo, per cui l'esperienza emotiva è percepita come unitaria.

In tutto questo non va neppure dimenticata la memoria, la quale fornisce l'esperienza e gli apprendimenti della cultura. Davanti ad un fritto misto di coleotteri i sensi di tutti incontrano la stessa cosa, ma l'intervento della memoria con i suoi apprendimenti modifica la valutazione al punto che gli occidentali abbiano il vomito ed alcune popolazioni orientali invece l'acquolina in bocca.

Ogni emozione possiede alcune caratteristiche fondamentali che ci spiegano come agisce. La prima è la propensione, cioè la capacità di indirizzare l'azione in un senso piuttosto che in un altro: la paura predispone alla fuga, mentre la fiducia propende per l'avvicinamento.

La seconda indica la piacevolezza o la sgradevolezza del sentire associato all'emozione: la felicità e la gioia sono piacevoli, mentre il tormento e la tristezza sono spiacevoli.

Ogni emozione è specializzata a riconoscere il particolare stimolo che la genera: la tristezza è originata dalla perdita, ed il senso di colpa dall'errore o dalla trasgressione.

Ogni emozione è dotata anche di un'espressione appropriata che ha la funzione di comunicazione per gli altri: la felicità si avvale di un'espressione radiosa, la rabbia di labbra strette, fronte corrucciata e sguardo minaccioso.

Infine ogni emozione ha la sua contraria. La gioia è contraria della tristezza.

La felicità è l'emozione piacevole che consegue alle relazioni positive e le segnala.

Nella lingua ewé, che si parla in Gana e nel Togo, il termine felicità nasce dall'unione di due radici, *"dzi"* e *"dzo"*, le quali danno origine al saluto *"gigiò"*, *sii felice*, che significa "giusta origine", cioè l'unione fra giustizia e realtà, ovverosia l'essere in armonia. Qui si vede come la felicità sia frutto d'una relazione improntata alla semplicità e alla non nocività, una relazione serenamente affettuosa, mai distruttiva.

La felicità è prima di tutto piacevole: lo dicono le emozioni specifiche della sua area semantica, cioè la serenità, la pace, la contentezza, l'armonia, il buonumore, le quali generano la propensione all'attività entusiasta o al tranquillo fare, come accade quando si è in una relazione serena con l'agire quotidiano.

Quando è la relazione con gli altri ad essere positiva, allora la felicità assume le forme della dolcezza e della tenerezza, della simpatia e dell'empatia. Mentre il rapporto con il tempo e la storia è felice se sono l'ottimismo e la speranza ad affrontare le vicende, tenendo a bada il tormento del passato o del futuro, oppure della disperazione.

La dignità ed il rispetto verso se stessi ed il proprio corpo sono felici quando è si accetta ed accoglie il corpo e i segni che il tempo su di esso disegna.

I motivi specifici della felicità sono tutti quelli che provengono da una relazione ricca di senso e di significati, per cui l'anima si sente appagata da un benessere che illumina e dà pienezza nello spirito, da non confondere con la semplice soddisfazione fisica.

La valutazione di cui si avvale la felicità è quella che fa riferimento ad una relazione rispettosa, buona e significativa, la quale corrisponde ad un essere nell'amore, nella verità, nella giustizia ed anche nella bellezza.

L'espressione è sorridente, pacata e serena, in un incedere ora esuberante e gioioso ed altre fluidamente lento. Nervosismi e ossessività non appartengono alla felicità. I luoghi e i tempi servono all'incontro, mai al conflitto.

La felicità trascina con sé altre emozioni positive, come l'attrazione, la soddisfazione, la fiducia e la gioia. La persona felice è ricca di interessi, è appagata, ha fiducia in se stessa e negli altri ed è più gioiosa di altri, perché sta bene con se stessa e con il mondo.

La gioia

Finora abbiamo volutamente appena accennato all'emozione della gioia, giacché normalmente si pensa che gioia e felicità indichino più o meno la stessa emozione.

In genere le due emozioni si accompagnano, ma diversa è la loro funzione. La felicità discende dalle relazioni positive, mentre la gioia dalle azioni positive.

Le buone relazioni normalmente generano le buone azioni e quindi le conseguenti emozioni della felicità e della gioia si accompagnano e ovviamente si sovrappongono. Poiché relazioni ed azioni sono le due facce della stessa medaglia dell'**interazione**, le emozioni positive che seguono ovviamente si confondono nel sentimento. Questo accade anche quando la relazione e l'azione sono negative ed allora senso di colpa, tristezza o delusione si confondono fra loro.

La gioia è l'emozione che segue ad ogni successo e ad ogni risultato bello e positivo. Diversamente dalla felicità, possiede un livello superiore di eccitazione. La gioia rappresenta la festa dell'anima e potenzia l'azione perché è figlia della fiducia.

Conclusioni

Al termine di ogni riflessione è opportuno riassumere il pensiero svolto.

L'esperienza umana, descritta attraverso il dato esistenziale, può essere analizzata come il continuo interagire fra i bisogni del singolo e la realtà esterna, il suo corpo e la sua memoria.

L'interazione continua che si ha con quanto ci circonda e quanto è dentro di noi è descrivibile nei suoi due aspetti della relazione e dell'azione che la costituiscono.

La relazione positiva è guidata dalla filia e dagli affetti, mentre la negativa dall'ostile rabbia. Quando la relazione è positiva e serena può accadere d'essere felici, al contrario si è nella negatività del tormento e della colpa.

L'azione è potenziata dalla fiducia ed inibita dalla paura. Quando l'azione è efficace ed ha successo allora si ha soddisfazione, piacere e gioia, al contrario si è nell'insoddisfazione e nella tristezza.

Azione e relazione non sono nell'esperienza facilmente distinguibili. Gioia e felicità vanno spesso a braccetto, come pure tristezza e senso di colpa.

Ma chi cercasse la felicità puramente nella frenesia dell'azione, nel successo e nella conquista sarà sicuramente deluso, perché la sta cercando nel posto sbagliato.

Il suggerimento che consegue è dunque:

"Se desideri essere felice, prova a coltivare relazioni buone, serene e rispettose con te stesso, con il tuo corpo, con il tuo passato e con gli altri".

Alla conclusione segue la suggestione del racconto e della poesia.

Shelly

A scuola tutti la chiamavano Shelly.

Quando passava trascinava gli sguardi dietro il suo incedere elegante della sua figura quasi esile per la magrezza. Sarebbe stato difficile, a chi lo desiderasse, incontrare i suoi occhi vagamente tristi. Vestiva sempre con delicati colori pastello che contrastavano con il suo silenzio ed il leggero corruccio sulla fronte.

Shelly non conosceva il sorriso. Nella sua memoria si rincorrevano i silenzi e le furiose litigate dei suoi genitori. Lei non aveva conosciuto i natali con la stella e i presepi, ed i vetri disegnati li aveva visti solo all'asilo, dove i suoi compagni parlavano di Babbo Natale e dei suoi regali.

Qualche volta aveva pensato d'esser nata per sbaglio.

Ma aveva imparato a farsi strada nella vita facendo capire a tutti con la sua bravura che i conti con i suoi doveri erano a posto, e lo testimoniavano i voti elevati che puntualmente prendeva ad ogni compito ed interrogazione scolastica.

Lei aveva imparato ad affrontare le sue paure e a tenerle a bada, come sapeva tacitare con l'attività continua il vuoto che stringeva il suo stomaco: aveva imparato a non ascoltare la mano invisibile che glielo stringeva.

Tutto nella sua vita era a posto. La sua camera era perfetta nell'ordine delle poche cose. Ogni libro ritornava dopo l'uso allo stesso posto. Vestiti e scarpe stavano nell'armadio in perfetta fila secondo le stagioni.

Unica licenza era un poster delle Winks sulla parete di fronte al letto. Le contemplava spesso e la sua preferenza andava a Stella, la fata del regno dei fiori, ma non le dispiaceva neanche Musa la fata della musica. Quelli erano i momenti in cui poteva prendersi una pausa, spegnere il mondo, e andarsene per un po' a star bene dove non c'era nulla ad urgere con il dovere.

Da un po' di tempo sopportava sempre di meno il fumo di sua madre che era anche aumentato da quando il padre se n'era andato con un ragazzo col quale aveva aperto una boutique.

Lei c'era stata in negozio, ma non condivideva lo stile eccessivo e chiassoso dei colori. Non era di suo gusto. E poi le mani le si impastavano fastidiosamente di sudore. Uscendo aveva sentito più forte la mano nello stomaco.

Perché i suoi genitori si erano divisi? Forse, se non fosse nata, non si sarebbero neanche sposati e tormentati per una vita.

"Si sentiva sola".

Qualche giorno dopo all'entrata della scuola un simpatico ragazzo volantinava e lei accettò il depliant. Era la pubblicità di un'agenzia che cercava nuove modelle.

Non le fu difficile ottenere dal padre i soldi per andare a Milano a realizzare il book fotografico di aspirante modella. E fu lui ad accompagnarla all'appuntamento nel showroom di un noto albergo della provincia. Lì si sentì addosso lo sguardo dell'uomo capace di spogliare e valutare commercialmente un corpo. Ne ebbe un brivido, ma tant'era insistere; se le fosse andato bene, avrebbe potuto allontanarsi dal freddo della sua vita e cercare il sogno.

Qualche giorno dopo ricevette la telefonata che era stata scelta.

Fece il contratto e la prima sfilata. Il suo incedere essenziale con lo sguardo perso che nulla concedeva allo spettatore, le conferiva un fascino enigmatico.

Ora passava i suoi pomeriggi a studiare, perché nei fine settimana doveva correre in giro per l'Italia a sfilare.

Spesso dopo una sfilata si gettava sul letto presa da una spossatezza che si faceva tremore nelle gambe. Un giorno non ce la face a scendere dalla camera dell'albergo ed il suo manager corse in camera a rassicurarla parlandole di stress ed emozioni. Era così indifesa che si lasciò accarezzare. Lui parlava, parlava e parlava, ma lei ascoltava solo la sensazione nuova sulla sua pelle. Fu così che accettò da lui di condividere una sniffata. L'avrebbe fatto solo quella volta per poter sfilare!

Dopo il primo tiro si sentì euforica, piena di una strana energia, le parole per la prima volta le uscivano senza paura. In particolare le cose intorno avevano colori più vivi, i suoni erano più squillanti e le mani, i polpastrelli passavano sulle cose con un piacere intenso. Non aveva neanche fame e la stanchezza d'un tratto era scomparsa.

Sfilò sulla passerella come una farfalla.

Più tardi l'effetto scomparve lasciando il posto ad un vago sentore di sospetto e d'irritabilità.

Per un po' si sentì in colpa, poi il turbinio delle sfilate, il successo rapido circondato dalle invidie bisbetiche dell'ambiente e dalla solitudine la portarono a "stampellarsi", così lei pensava, con qualche nuova sniffata.

Alla fine dell'anno scolastico si portò via la maturità con il massimo punteggio, ma stranamente la soddisfazione non era quella che si aspettava. Era come se si fosse tolta un peso, fatto il dovuto, mentre lo stomaco, dopo un po', era tornato a stringersi ed il pianto senza uscirli pesava ancor di più sulla pancia.

A fine estate un importante stilista, uno di quelli che accetta solo su appuntamento chi vuole, le propose di entrare nel giro internazionale con un contratto dalla cifra a cui non si può dir di No. Ma il suo primo manager non ne voleva sapere di mollarla. Discussero per ore, bevvero e fecero anche una sniffata insieme. Alla fine lui la violentò. Quello fu il prezzo che pagò per riavere indietro il contratto: il silenzio in cambio della libertà.

Per mesi si sentì sporca. Affogò lo schifo in riti igienici quotidiani e lunghi. Poi Parigi e New York annegarono il disgusto con nuove emozioni e tanti soldi.

A volte si guardava allo specchio e non si capacitava "come quella là si abituasse a tutto!"

Entrò anche nel grande giro e pagò altre tangenti intime. Ma quando tornava a casa era sempre più intrattabile e le sue pause erano sempre più brevi.

Il successo aumentava di mese in mese, come diventava sempre più amara la bocca al risveglio. Pian piano tutto scivolava nell'abitudine: aereo, sfilate, alberghi e "stampellamenti".

Un'estate si prese una lunga vacanza sulle colline non lontano da casa. Prese qualche chilo in più e si dimenticò di stampellarsi anche perché non aveva voglia di cercare chi la rifornisse.

Ogni tanto il suo capo le telefonava gentilmente per sapere quanto sarebbe durata la vacanza. Poi le telefonate si fecero più frequenti e dure. Alla fine la minacciò di rompere il contratto. Anche suo padre l'ossessionava con i suoi "nonsaistarealmondo cretina"!

Man mano che si avvicinava il momento di riprendere l'aero, le sue mani si impastavano fastidiosamente d'un sudore appiccicaticcio. Il suo stomaco aveva ricominciato a ribellarsi al cibo.

Il giorno della partenza venne a portarla alla stazione l'amica degli anni della scuola. Era accompagnata da un ragazzo che lei subito riconobbe esser quello che in classe discretamente per anni l'aveva silenziosamente spiata fra i banchi. Ora aveva fatto la sua scelta e chiamava continuamente l'amica "Amore" con dolcezza. Non si fermarono ad attendere, ma la lasciarono sola sulla pensilina della stazione ad attendere il treno, perché dovevano ritornare al lavoro. Lei li vide andar via che si tenevano per mano come gli innamorati di Peynet e l'angoscia la prese alla gola con una solitudine immensa.

Si sentì persa nel deserto della stazione. Aveva tanto freddo dentro, quando lo speaker gracchiò forte alle sue orecchie la raccomandazione di stare dietro la linea gialla per l'arrivo di un treno in transito.

Lo vide il treno arrivare, e per un attimo, l'ultimo attimo, le parve la soluzione al freddo della sua solitudine. Poi fu solo un inutile stridere di freni.

Qualche giorno dopo una mano cancellò con la calce bianca le tracce brune di Shelly fra i binari.

Al funerale tutte le sue compagne provarono freddo nel loro cuore, ma si abbracciarono a lungo asciugandosi le lacrime insieme.

Tutte l'avevano invidiata ed ammirata, ma non avevano capito che Shelly non aveva mai incontrato la felicità.

Emme

Gli abitanti dell'albero lo chiamavano Emme, perché, quando fuggiva, s'inarcava come la consonante, facendo ghignare tutti. La sua vita di bruco era quanto di peggio si possa augurare ad un piccolo essere innocuo. "Vita da verme!" gli gracidava fragorosamente la cornacchia. La cincia ridanciana si divertiva a pizzicarlo da dietro e poi a sputare sghignazzando: "Che schifo!" Emme, ormai, non viaggiava più sopra i rami, ma preferiva faticosamente aggrapparsi alla corteccia camminando sotto, tanto si vergognava di sé. Ad uno ad uno i suoi fratelli erano diventati il pasto di qualche lucertola o mantide religiosa. Col tempo aveva perso la voglia di vivere e si arrovellava sempre più nelle sue paure. Dopo ogni fuga affannosa si fermava a compiangersi, finché decise che non aveva più voglia di scappare. Allora esausto si rotolò su se stesso nell'incavo del ramo più basso ad aspettare la fine. Chiuse gli occhi e spiava con l'orecchio ogni rumore cercando di capire da dove potesse arrivare la liberazione da una simile vita. Stava così ruminando quando un raggio di sole si fece strada fra le foglie e lo guardò con tenerezza. Emme sentì riscaldarsi il cuore. "Dormi, gli sussurrava dolcemente la luce, dormi e non aver paura." Poi lo avvolse nei sogni che cancellano il peso del cuore. Emme si sentì amato. Allora tutto divenne leggero. Il vento gli donò le ali ed il sole i colori. Dall'incavo del ramo più basso si levò in volo una farfalla regale. La corteggiò il sole, danzò con il vento e andò sposa all'Amore che l'attendeva sui prati della tenerezza cosmica.

Capitolo II
LO STUPORE

Lo stupore divino

"In principio era la Gioia.
E la Gioia era presso Dio.
E la Gioia era Dio.
Nella Gioia Dio creò il cielo e la terra.
Ed uno stupore immenso Lo commosse,
mentre contemplava l'opera delle sue mani.
La sua Intimità traboccava di tenerezza,
mentre lo Spirito fecondava le acque.
Fece esplodere il cuore del nulla oscuro,
e fu subito la Luce.
Il bagliore delle stelle era gradito ai suoi occhi
che si riempivano d'incanto.
Quando la terra e le acque si separarono sotto il
cielo,
Egli fu invaso dalla meraviglia
e tutto riposava nella sua bellezza.
Il lieve sussurro dei germogli della terra
accarezzava il suo orecchio.
Il tranquillo peregrinare delle luci nel cielo, e i
tempi, e le stagioni
stavano alla sua presenza multiformi e belle.
Le infinite vite del mare e della terra Lo
intenerivano:
si amavano e si moltiplicavano per la sua Gioia.
Poi, in un sussulto infinito d'amore, creò l'uomo,
a sua immagine e somiglianza,
maschio e femmina lo creò,
e a lui donò tutto.
Con loro passeggiava e riempiva il suo ascolto,
perché la sua estasi non cessasse mai."

Dio e la creazione

Ho reinterpretato con gioiosa libertà il racconto della creazione.

Ascoltando con orecchi curiosi mi ha colpito la ripetizione "vide che era cosa buona" alla fine di ogni nuova creazione. La relazione tra Dio e la natura è descritta dal termine antico ricorrente *tob*, che è normalmente tradotto con la parola "buono".

Tob ha una ricchezza di significati ben più ampia; infatti può voler dire anche gradito, bello, tranquillo, lieto, profumato, allietante. Il "vide che era cosa buona", sta a significare lo **stupore gioioso** di Dio di fronte alla sua opera. Da una parte l'amore crea e genera, dall'altra lo stupore, conserva e protegge la creazione. Vi è una circolarità di relazione interminabile fra il trarre dal nulla le cose con l'azione creatrice ed il tenerle presenti con lo stupore: quasi che il vedere stupito sia un eterno rivedere per la prima volta, avvinto dalla sorpresa e dalla meraviglia.

Forse là si dice che Dio non smette mai di contemplare e perfezionare l'opera delle sue mani con la stessa intensa tenerezza del primo momento, essendo in Lui tutto sempre presente.

Anche a noi è dato, di tanto in tanto, di gustare un tale sentimento. E che cosa si prova nella nuova stagione quando si vede il bocciolo della prima rosa, si assaggia la prima fragolina di bosco, si scorgono i pulcini nel nido, si rivede dopo tanto tempo il volto di una persona amata ed amica?

È l'intenso senso e sentimento della prima volta!

Il saper stare di fronte agli avvenimenti come se fosse sempre la prima volta è il rinnovarsi dello stupore che fa intravedere e lambire il segreto per cui, secondo il racconto biblico, la vita continua ad espandersi e a rinnovarsi. Se lo stupore di Dio cessasse, che ne sarebbe dell'universo e degli infiniti canti della bellezza? Egli non provvederebbe più all'esistenza del tutto, perché ne sarebbe stanco. È l'incontro della creatività con la provvidenza, che sono alla base di tutte le meraviglie che ci circondano.

Cosicché il felice modo di relazionarsi di Dio appare improntato ad una responsabilità definitiva nei riguardi dell'opera delle sue mani, sia prima della creazione, giacché l'ha pensata con amore, e sia dopo, poiché la conserva e vivifica provvidenzialmente avvinto dallo stupore.

Nella nostra storia, invece, è stata accentuata la dimensione creativa, fino al punto di dimenticare la conservazione. Cosicché nella nostra cultura ha predominato la convinzione demiurgica, non priva di onnipotenza, del fare a scapito del conservare. La relazione conseguentemente è stata falsata in tutte le direzioni, perché privata di una delle due caratteristiche fondamentali.

Se l'amore porta all'azione e al fare, lo stupore, che è figlio della bellezza, propende invece per la conoscenza, per il rispetto e per la conservazione.

Lo stupore

La capacità di stupirsi è la prima abilità per poter a qualunque età dissetarsi alla felicità, perché sta alla base dell'incontro positivo, non conflittuale con la realtà.

Lo stupore è un'esperienza decisiva ed indelebile. Quando accade lascia un segno, traccia la memoria e sorprende. Il dopo porta una caratteristica di novità e diversità rispetto al prima, perché lo stupore trasforma, avendo la capacità di agire nel profondo. Possiede inoltre la qualità della persistenza, per cui rimane dentro lungamente. E sebbene il tempo ne attenui il ricordo, non è mai cancellato del tutto.

Se non accade più di stupirsi, si è vecchi ed in balia di un cuore privo dello sguardo del bimbo che guarda con occhi grandi il mondo, perché dietro e dentro ogni cosa egli vede la vita.

Lo stupore ha il valore di un momento forte di verità. La sua forza maggiore sta nella convinzione sottostante, di chi ne fa esperienza, di vivere intensamente, perché la sua esperienza regala la convinzione d'esser dentro un evento che ci cambia.

Per un fioraio una rosa è un numero di euro, mentre per un'innamorata è un atto d'amore. La differenza fra i due è lo stupore. Gli occhi dell'innamorata vedono quella rosa, non una rosa. Leggono il messaggio proprio in quei petali, perché solo quelli trasportano l'amore. Ed il profumo e i colori sono unici ed irripetibili. Lo stupore veicola bellezza e rifiuta l'ineleganza del guadagno. Chi si stupisce davanti ad un fiore non lo tocca per paura di rovinarlo: gli basta il dono dei colori e la commozione del profumo.

Il suo territorio dello stupore è il silenzio e l'armonia, perché non sopporta la chiacchiera e si manifesta nell'ascolto delle lievi armonie nascoste; si nutre con lo sguardo che concede all'occhio il riposo nel mistero, il quale è il volto velato dell'essere. È così infatti, che si contempla la persona amata o l'orizzonte al tramonto.

Lo stupore si nega alla forza e respinge ogni forma di potere e di possesso. Possiede l'intimo carattere della grazia d'essere inaspettato e gratuito e perciò stesso rifugge ogni ombra e mira di potere o di possesso. Infatti lo stupore non può esser programmato, mentre esige un animo aperto alla bellezza.

Può anche chiamarsi estasi o meraviglia, incanto o rapimento. Infatti non accade senza l'azione dell'uscire e del dimenticarsi di sé che dà luogo al fascino e alla meraviglia. Incanta, perché rapisce. Al suo accadere tace il tempo e l'universo si condensa in un piccolo punto. La dimensione spazio-temporale si contrae per dar luogo ad una esperienza interiore che la supera. Par proprio d'esser fuori del tempo! Dopo si sperimenta il nonsenso di ogni vanità, la quale appare ridicola. Chi è innamorato questo lo sa. Ma chi ha il cuore chiuso trova al limite ridicolo questo dire e non s'accorge della propria miseria interiore.

Lo stupore è fedele a chi lo cerca. La sua fedeltà è legata ad una ricerca fatta di semplicità, perché si concede ai poveri nello spirito e premia gli umili di cuore. A chi tutto ha e tutto sa non è dato di incontrarlo, perché incapace di vedere la continua novità del tempo e della vita.

Si accompagna alla pacata nostalgia dell'appuntamento. Chi ne fa esperienza porta con sé il desiderio dell'incontro che rinnovi la sorpresa che non vorrebbe mai terminata. Perché lo stupore non è mai uguale e chiede sempre abbandoni più alti e sguardo più profondo.

Non ha soggetti, né momenti di preferenza. È una modalità della conoscenza che rende consapevoli della dimensione alta del conoscere dove la sensibilità tende la mano alla verità. Perciò ogni momento è buono ed ogni situazione di silenzio e di ascolto è propizia. Coglie chi è aperto all'incontro. Lo stupore è amico del silenzio e ha per porta d'ingresso lo sguardo che si lascia sorprendere.

Il dono dello stupore concede d'essere sempre se stessi davanti agli altri. È un far esperienza della conoscenza di sé, perché lo stupore accade nell'autenticità. Fa guardare dentro e mette in contatto con le sorgenti dell'intimità. La sua precipua qualità è d'esser la consapevolezza dell'anima, perciò trasforma ogni incontro in bellezza. E ancora fa intravedere l'armonia nascosta, quel uguale mistero che è traccia d'assoluto in ogni cosa. Lo stupore è sguardo che va diritto all'essere delle cose, perché vede l'infinita e gioiosa sorpresa che muove ogni cosa.

Lo stupore genera appartenenza con l'oggetto della sua contemplazione, ma anche alterità, perché sente la sacralità di ciò che gli sta davanti e serenamente contro. Quando ci si stupisce d'un tramonto, ci si sente dentro, ma anche si ha consapevolezza che questo sentire è nostro.

Etimologicamente la parola stupore indica l'atto d'essere battuti, colpiti (dalla radice indoeuropea s *teup* battere). Ora chi è colpito è in basso rispetto a chi percuote, esattamente il contrario di sorpresa (sopra prendere) che indica il prendere dall'alto in modo inaspettato ciò che sta in basso. Simbolicamente lo stupore e la sorpresa sono i due poli che rappresentano l'incontro del basso con l'alto, cioè del cielo con la terra.

È il cielo, cioè tutto ciò che è bello ed alto, che si apre, si fa vedere e sorprendere, mentre colpisce chi dal basso sa volgersi al cielo, custode di tutte le bellezze e dimora simbolica della divinità.

La bellezza ha il compito di sorprenderci e noi il dovere di stupirci. E quando non accade vuol dire che passiamo per questo mondo come animali che costantemente guardano verso il basso e ci accorgiamo del cielo solo quando tuona, piove e tira vento. Per cui l'unica coscienza che abbiamo del cielo è quando si stanca di chiamarci e si rabbuia. E sebbene abbia una sua bellezza anche il tuono, è il sole che sostenta la vita e sono gli astri della notte che fanno nascere i sogni.

Nello stupore è il cielo che si rivela in tutta la sua forza seduttiva, che, ad ogni rinnovato incontro, si fa pacato sentimento di connessione e di unione, da cui emergono progressivamente quei legami e quelle somiglianze che costituiscono l'appartenenza, quel sentirsi a casa nostra come in cielo.

Allora lo stupore genera l'abbraccio, il "dolce naufragare" dello spirito nel mare della bellezza. È quello che accade nelle forme dell'innamoramento fatte di attrazione ed incanto. Certamente si è presi, ma felicemente presi! Si è nella stessa dimensione, luogo alto del sentire e dell'esperire! Stupirsi è il sentirsi a casa ovunque la bellezza trovi due occhi ad accoglierla.

Successivamente, quando l'intensità lascia il posto alla profondità, la connessione diventa complicità. L'iniziale meraviglia, tipici della scoperta e della novità, si avvia verso l'esperienza più profonda dell'intimità. Si è in possesso di quella abilità che riconosce i tratti dello stupore che si avvicina. È la capacità di sentire la nostalgia e il passo del "Signore Dio che passeggia nel giardino alla brezza del giorno". Gen 3, 8

Si comincia a parlare con le cose come i santi e i poeti. Questa nostalgia è il sentimento del legame segreto e delicato della connessione che vuole diventare intimità. E si sa che la connessione e l'intimità svolgono il ruolo di nutrimento e di crescita dell'appartenenza. Si dialoga con ciò e con chi si ama, perché è nell'amore che si ha la vera coscienza di sé e dell'altro. Infatti l'amore unisce, fa appartenere, ma fa anche sperimentare e prendere consapevolezza del vivere, dell'esserci e del navigare felicemente nel mare della relazione: unito, ma anche altro, diverso e irripetibile. È questo tipo di relazione che nutre la fiducia nella sotterranea certezza che l'incontro diventi consuetudine, sia cioè per sempre.

Difficile questo linguaggio? È vero, ma è anche vero che il nostro guardare alle cose, piuttosto che alla storia e alla vita che queste trasportano, ci ha resi analfabeti nello spirito, ciechi di fronte al mistero e alla dignità d'ogni esistenza. Se invece facciamo conto che lo stupore sia un fatto capace di far innamorare di tutto ciò che è bello, senza però legare, ma aiutando a scoprire sempre di più quello che noi siamo e veramente vogliamo.

Questa sorprendente scoperta va ad alimentare la propensione verso l'altro: quel sentire continuo ed intenso che, fuori dall'incanto, si fa grata nostalgia dell'altro, quello che ho chiamato anche cielo. Allora lo stupore ha un potere rivoluzionario, quando ci fa chiamare gli altri "cielo". Mentre invece il nostro narcisismo e fare usa d'ogni cosa come oggetto per i propri scopi e non come il continuo incontro con l'esistente. Non stupirsi più potrebbe essere il segno d'una patologia!

Mentre questo non accade fra persone che si amano e si vivono con stupore e sanno sfaldare finalmente l'egocentrismo nella consapevolezza che dell'altro si ha bisogno per crescere, mentre si va sperimentando legami sempre nuovi. L'altalena, che si muove tra l'appartenenza e l'alterità, tra il sentire il bisogno dell'altro e l'esser diverso dall'altro, avvia alla consapevolezza della imprescindibilità, in altre parole all'intima certezza che l'altro mi è necessario.

Noi non possiamo vivere senza l'altro, senza il cielo, senza relazione col bello e con il vero. Lo stupore è l'esperienza diretta di verità e come tale è percepita, perché diversamente sarebbe un'altra cosa. La propensione e la nostalgia sono il richiamo d'un bene di cui non si vuole e né si può fare a meno. Lo stupore quindi segna e traccia quelle vie fuori dalle quali ci si sente perduti, perché quelle sono le strade che veramente sentiamo essere le nostre.

In questo caso l'imprescindibilità, cioè il non poterne fare a meno, si comporta come la fede, come il sentimento profondo ed ineludibile che mi dice: "così è per me e non può essere che così". Insomma senza stupore non si può dire di aver esperienza del bello e del vero. Ci si illude o si bluffa!

Contrariamente a quanto si pensa normalmente, lo stupore è una esperienza carica d'una forza decisiva, difficilmente cancellabile. Il fatto che sia così poco esplorata, oltre che essere un segno dei tempi, dimostra che è più rara di quanto si pensi, a conferma che si nega ad ogni forma di pensiero prepotente. Inoltre resiste ad ogni circuito sia commerciale e sia intrattenitivo, i quali peraltro si affannano miseramente a fornire surrogati di ogni tipo, spesso volgari e squallidi. Basti pensare ai vari "divertifici", vere e proprie città dello stordimento dai costi astronomici, le quali si basano più sull'intento di produrre eccitazioni ed emozioni scontate che esperienze di un qualche valore. Lo stupore è però comunicabile a chi è aperto all'accoglienza. Incredibilmente ne genera e comunica di più un bambino che schiere di persone colte.

Il che può voler dire che partecipa più verità un piccolo che schiere di filosofi. Non per nulla i grandi romanzieri, i poeti o i registi mettono paradossalmente la verità in bocca ai bambini, ai pazzi o persino agli ubriachi.

È profetica la frase del Cristo che dice: «Se non diventerete come questi piccoli non entrerete nel regno dei cieli»? Ebbene sicuramente tra i piccoli e il cielo c'è lo stupore; altrimenti il piccolo non sarebbe un bambino e il cielo sarebbe un'altra cosa.

Forse lo stupore è una di quelle emozioni che la nostra cultura narcisista e superficiale ha rimosso ed inibito, rendendoci orfani della bellezza.

La bellezza

Oggetto dello stupore è sempre la bellezza in tutte le varie forme in cui si manifesta e rivela.

Definire la bellezza può essere una operazione destinata al fallimento, perché fatta con gli occhi della mente, mentr'essa si lascia prevalentemente guardare con gli occhi del cuore.

L'oggetto della mente è essenzialmente il vero, che nella narrazione della necessarietà diventa una questione di dimensioni, un problema di razionalità e di utilità. Questo linguaggio è sconosciuto al cuore che nello stesso oggetto vi vede invece un dono o il portatore di un messaggio, la memoria o l'icona, le vestigia o la stessa presenza dell'assoluto.

La bellezza è per il cuore il volto del bene.

Contro la bellezza viene perpetrato continuamente un attacco radicale, quasi settario, a meno che non sia economicamente valutabile. In passato sembrava quasi che desse fastidio. Basti pensare che alla fine dell'ottocento era convinzione generalizzata fra gli scienziati che "il qualitativo non fosse altro che un quantitativo povero".

Cioè la qualità e la bellezza erano un fatto secondario, di poco conto e non utile. Si è voluto attribuire questa conclusione alla famosa divisione delle due culture messa in atto fin dal seicento. Qui si opinava che finalmente fosse arrivato il tempo di dare un taglio al vecchio modo di pensare classico che non distingueva le scienze umanistiche e filosofiche dalle scienze naturali. Le conoscenze della natura che promovevano le arti utili dovevano distinguersi rigorosamente da altre conoscenze, "senza pasticciare" con la filosofia, l'arte e la letteratura.

Ma il problema viene da molto più lontano ed è profondamente radicato nella nostra cultura, che più spesso fa della bellezza una semplice questione di visibilità ed una funzione dell'apparire. Avere una grande collezione d'arte o possedere immensi giardini fioriti non dà alcuna felicità, se manca un cuore capace di stupore. Stupirsi non vuol dire possedere!

Più la nostra attenzione si distrae dalla bellezza e più aumenta la bramosia di potere e di sfruttamento della natura. Ogni cosa è costretta sotto il giogo dell'utilità e di tutti i possibili impieghi e latrocini.

Nel testo biblico lo stupore di Dio si posa invece su ogni creatura nuova che appare con la stessa intensità: "...era cosa buona!" La sua attenzione non è attratta dall'apparenza, ma dalla multiformità. La ridondanza di forme e colori è sparsa con così grande spreco in natura, che il concetto estetico che si ricava è sinonimo nello stesso tempo di bello e di vario. Oggi la chiameremmo biodiversità o complessità.

La descrizione rivela un puntiglio divino nell'evidenziare l'unicità e la diversità di ogni creatura.

Egli le ama tutte! Non dirà il vangelo che nel suo amore "veste i gigli dei campi, nutre i passeri e tiene conto di ogni nostro capello"? Il concetto di bellezza biblico è estremamente moderno e poggia sui concetti cardine di diversità, unicità ed irripetibilità.

Il capitolo della creazione è un inno alla diversità. Lo si ricava dalla descrizione ripetitiva dell'atto che genera ogni singola creatura che appare. Non si parla di un unico gesto creativo, ma del singolo atto d'amore per ogni nuovo essere creato.

Certamente dal punto di vista teologico è più facile pensare ad un unico atto, vista l'onnipotenza divina, in quanto si situa fuori dallo spazio e dal tempo che andava ad iniziare. Il testo parla però d'esseri diversi creati in giorni diversi e conclude sempre con "e Dio vide che era cosa buona".

Il concetto d'unicità matura invece lungo tutta la storia biblica. Non è chiaramente evidente fin dall'inizio poiché si parla di specie.

È invece una conquista che matura lentamente man mano che si chiarifica il concetto di salvezza. Infatti, l'antico ebreo partecipava alla promessa perché appartenente al popolo eletto. Il concetto d'unicità ha bisogno per affermarsi di una relazione individuale. E questa coscienza è affermata decisamente dal Cristo nell'identificare Dio come padre e nell'af-fermare che l'adorazione ha come suo luogo precipuo lo spirito.

Nella relazione filiale si realizza il culmine dell'unicità e dell'individualità nel rapporto particolare ed unico che c'è tra un padre ed un figlio.

Se dunque Dio intrattiene un rapporto unico con ogni essere vivente, allora ogni creatura è una **novità**. Dio, nell'infinita sua capacità d'amare, **non clona!**

A tutti gli esseri rivolge il suo sorriso all'apparire nell'orizzonte della vita, perché sono tutti ai suoi occhi il frutto di un nuovo ed unico atto d'amore di cui Egli è l'unica fonte.

Il Signore dell'universo conserva "l'elegante" struttura del mondo (Newton), perché immersa in continuazione nell'irreversibile ruolo creativo del tempo che la fa sempre **nuova ed unica.**

L'unicità trascina con sé l'**irripetibilità**. Non occorre scomodare la scienza per sapere che è impossibile che si dia nello spazio-tempo due esseri totalmente identici. Vi sono pagine della bibbia dove lo si ricava con ben altra intensità.

Basti andare ad Isaia quando afferma che Dio porta scritto sul palmo della sua mano il nostro nome. Là si dice che Dio chiama per nome ogni sua creatura, la quale quindi possiede una sua individualità ed irripetibilità, perché è portatrice di un nome nuovo, cioè di una qualità sempre nuova e sempre diversa negli infiniti dialoghi che l'Infinita Relazione tiene con ogni singola creatura.

Il tema della bellezza è uno di quegli argomenti che fanno la differenza anche nella ricerca scientifica. Secondo Murray Gell-Mann il "quark" ed il "giaguaro" apparentemente non hanno nulla in comune, ma sono tra loro intimamente connessi dalla comune qualità della **bellezza**.

La bellezza e la ricchezza della natura sono in opposizione radicale con l'uguale, come pure creazione con ripetizione, perché ogni diminuzione di complessità è caduta di meraviglia e di stupore.

Se la diversità è novità d'incanto, l'unicità è invece novità d'amore e l'irripetibilità è chance nell'universo della relazione. L'insegnamento della genesi impone un capovolgimento della visione della natura, non essendo possibile più guardare all'universo mettendo tra parentesi quella bellezza che è il motore della creazione. La complessità, prima ancora di essere un universo narrabile in termini di quantità, di rapporti matematici e di geografie spaziali, è lo stupendo intreccio di relazioni rivelanti la bellezza di esistere.

L'autentica conoscenza non può che passare attraverso "la deliziosa passione per le trame della natura" (Novalis). Come il Creatore dovremmo cercare lo sguardo che si posa con sorriso e stupore su ogni cosa anche là dove la pietà s'impone.

Sì, perché "il settimo giorno Dio sorrise" (Häring). Il suo sorriso ogni sera, quando scendeva all'ombra degli alberi del giardino d'Eden, si rinnovava nel posarsi sui prediletti della sua creazione. A loro aveva affidato il giardino dove li andava ad incontrare e con loro trascorreva le ore pacifiche del giorno che terminava, stupendosi insieme dei colori del tramonto o passeggiando e raccontandosi, come fanno gli amici, tutte le emozioni e i fatti del giorno.

Lunghi silenzi e sguardi negli occhi sinceri rinnovavano l'intimo piacere dello stare insieme, mentre il cuore si scaldava. L'estasi era il linguaggio più usato e la tenerezza traspariva da ogni gesto. Sì, perché Dio era con loro!

E non è solo poesia. Qui si fa la differenza! Può esser relativamente facile stupirsi del cielo, dell'altro e della natura. Ma lo stupore va rivolto anche a se stessi.

Si tratta dello **scoprirsi belli, perché diversi, unici ed irripetibili.** Cioè di aver coscienza di essere una chance per l'universo esattamente per quello che si è, cioè porzione di cielo.

Potrebbe essere una dichiarazione d'amore, sennonché è anche la verità proposta dal Libro. Diversamente il cielo ci sarebbe tragicamente sconosciuto e straniero.

Si è belli comunque. Tutti siamo portatori di una porzione di cielo solo e soltanto nostra.

E se l'abbiamo svenduta o ce la siamo fatta rubare, allora si dovrà fare i conti con tutta la tristezza dell'assenza di questa abilità dello spirito.

Sì, perché tutti siamo bellezza e si stupì Dio il giorno che ci accarezzò nella sua mente.

Tutti siamo bellezza e si stupì il ventre che ci accolse.

Tutti siamo bellezza e si stupì lo spazio ed il tempo al nostro primo vagito.

Tutti siamo bellezza e si stupì lo sguardo di una madre e di un padre nel cullarci.

Tutti siamo bellezza e si stupì l'universo quanto ognuno si stupisce di lui, perché noi siamo porzione insostituibile della sua consapevolezza.

Non si dimentichi mai che ciascuno di noi è bellezza!

Il settimo giorno Dio sorrise anche pensando a noi.

Dio, infatti, ci ama: è in relazione con noi. E anche se noi non ce n'avvediamo Egli non può che essere in relazione con noi. Egli, infatti, non può uscire dalla relazione, perché dalla relazione non si esce e la sua relazione è amore. E ancor più: in Lui relazione e amore s'identificano, sicché Egli è **Relazione Amorosa**. Per quanto l'uomo nella storia abbia tentato di prescindere da Dio, Dio invece non può prescindere dall'uomo, da me e da voi. Paradossalmente "anche Dio ha il suo inferno, ed è il suo amore per noi" (Nietzsche).

Chi ama veramente non può smettere più: continuerà a farlo nonostante tutto e contro tutto. E chi è madre o padre può comprendere.

E se ciò ci suonasse strano, vuol dire che la nostra relazione col cielo è in pericolo non meno che la relazione che abbiamo con noi stessi. Nel mare della relazione la nostra barchetta fa acqua, la profondità sta diventando abisso e il grembo tomba.

Ma ripeto ancora e giuro: «**Noi siamo bellezza!**»

Il sospetto

Ed ora andiamo a guardare la faccia brutta della medaglia. Quando si va a analizzare il peccato d'origine non si riflette mai abbastanza sul grimaldello che riuscì ad incunearsi nelle pieghe delicate dell'amicizia tra Dio e l'uomo tanto da dividerli. La vita dell'uomo era cara a Dio ed Egli non voleva che si allontanasse ed andasse incontro alla morte. Ma il serpente disse alla donna: «Non morirete affatto! Anzi Dio sa che quando voi ne mangiaste, si aprirebbero i vostri occhi e diventereste come Dio, conoscendo il bene ed il male». Gen 3, 4-5.

Tutto il discorso del serpente mira ad inoculare il sospetto che Dio sottragga all'uomo qualcosa di cui ha diritto. L'ascolto e l'assenso a tale sospetto apre le porte della storia all'entrata del male con tutte le sue conseguenze. L'efficacia dell'attacco del serpente sta nell'essere riuscito ad interrompere lo stupore che legava Dio e l'uomo.

La sua natura gli suggerisce di colpire mortalmente e quando lo fa non può sbagliare: potrebbe essere schiacciato! A lui, la subdola serpe, si deve l'aver introdotto nella storia l'antitesi dello stupore: **il sospetto**.

Questi due atteggiamenti fondamentali stanno fra loro in opposizione insanabile e speculare.

Se lo stupore è il frutto più saporito della genesi, il sospetto invece introduce l'antigenesi nel mondo, quella cultura della morte che è antitesi della vita. Il significato etimologico di questa parola indica il "guardare in alto dal di sotto", come se colui che sospetta guardasse a qualcosa che incombe dall'alto. La figura rimanda a vari significati e situazioni. Il vivere all'ombra di un supposto danno imminente è sospetto. Ma lo è anche il dubbio che si nutre di incertezza ansiosa, fino a temere in continuazione un qualche evento funesto. Più spesso è un sottile atteggiamento psicologico fatto di continua diffidenza e cautela ossessiva.

Il sospetto è capace di proiettare sugli altri il dubbio dell'ambiguità e della capziosità. Addirittura insinua presunte intenzioni cattive che, addossate agli altri, determinano responsabilità infondate, le quali peraltro poggiano su di un giudizio inappellabile, giacché il sospetto evita normalmente la verifica. Il sospetto è anche paura preventiva del negativo, di rischi e pericoli. Di conseguenza possiede la capacità di creare separatezza e divisione; ergere steccati e trincee; giustificare opposizioni e rifiuti fino al punto di non ritorno dell'ostilità distruttiva. Il sospetto è una delle componenti della malignità.

Come si vede una mancata riflessione sull'argomento toglie la possibilità di una ampia comprensione dei fatti adombrati dal racconto biblico.

Se lo stupore crea connessione, il sospetto crea divisione: uno unisce e l'altro separa.

Il sospetto è una esperienza tormentosa e difficilmente cancellabile. Quando si affaccia nella vita lascia un segno, traccia la memoria con sofferenza. Il suo apparire è accompagnato continuamente da timori e paure pressoché ingiustificate. È persistente ed è difficile liberarsene, mentre lentamente invade tutti gli ambiti della vita, avvelenando rapporti, attività e pensiero.

È un tempo di oscurità. La sua forza maggiore sta nella sua particolare abilità ad autoalimentarsi, per cui l'opporsi finisce spesso per renderlo più forte. Il sospetto veicola le forme dell'inautenticità, tipiche dei meccanismi di difesa preventiva. È inutilmente scontroso e immotivatamente permaloso: non è mai spontaneo!

Per quanto provochi sofferenza, è ossessivamente professato, per cui è di difficile sradicamento. La sua virtù (o difetto) principale è una ottusa ed oscura ostinatezza. È ripetibile ed ha al suo servizio la mente. Anzi è invasivo e si fa col tempo abile e subdolo tanto da modificare la personalità di chi lo ospita, piegando al suo servizio la mente. Possiede capacità intrusive tali che riesce ad insinuare dovunque il veleno del dubbio negativo per manipolare le situazioni.

Non conosce speranza: l'amore è impossibile e l'innocenza non esiste. La sua preclusione al positivo gli nega il futuro, avvelena l'amore, perché non riesce a credere a nessuna forma di autenticità e di rettitudine di intenzione. Il suo territorio è irto di spine e disarmonico.

Non c'è silenzio, perché è attraversato da continui rumori e timori di guerra. Non c'è armonia, perché tutto può diventare minaccia. L'occhio è preoccupato e guardingo e non si concede mai il riposo del bello e della contemplazione. La sua politica è dettata dalla paura ostile. Complica tutto. Il suo incedere incerto riesce a complicare e rendere problematico tutto. Perciò si trincera dietro atteggiamenti di apparente sicurezza e forza. In verità, se potesse, farebbe volentieri a meno di ogni rapporto in cui è implicato il sentimento e il coinvolgimento personale.

Privilegia le situazioni codificate dove conosce i rapporti di forza. Deve poter prevedere tutto, perché teme sempre di essere "fregato". Possibilmente affronterebbe le situazioni essendo in posizione di forza e avendo il possesso di tutta una serie di mezzi che lo rassicurino ed il suo principio è che "il potere logora chi non ce l'ha" (Andreotti).

Più che vivere la relazione, pretende di controllarla e possederla. Può anche chiamarsi dubbio o incertezza, preoccupazione o rifiuto. Infatti rinfocola la vigilanza che non consente l'uscire da sé ed il lasciarsi andare tipico dello stupore. La sua costante incertezza rende il tempo interminabile e lo spazio si dilata paurosamente come casa del pericolo. La preoccupazione diventa un dovere ed il rifiuto s'ammanta di prevenzione.

Il tutto rimane costantemente gravato dalla sofferenza paurogena. Il suo avvento si accompagna alla comparsa di svariate forme di vanità. Il timore del giudizio negativo degli altri induce a forme di mascheramento e paludamento tipico del confondersi dietro una divisa, la moda. Ecco che le forme d'esaltazione estetica svolgono il ruolo di un darsi quella sicurezza e ruolo che il sospetto costantemente mette in dubbio. Tali forme poi si allargano alla gestualità, al linguaggio e alle cose di cui si circonda, trasformando in breve tempo lo stile di vita.

Il sospetto è sempre griffato, stiamone sicuri! Il sospetto contorce l'anima. La sua sopravvivenza sta proprio in quella sua abilità perversa di rendere tutto contorto e negativo, per cui sospettare diventa obbligatorio, perché è oscurato l'accesso semplice e spontaneo al vero così com'è ed appare.

Alla fine d'ogni ragionamento e d'ogni esperienza la conclusione rimane disperatamente sempre la stessa: «*Non resta che sospettare!*».

Perciò si accompagna alla coazione, alla ripetizione ossessiva. Chi ne ha fatto esperienza sa com'è difficile venirne fuori e come una sensazione d'impotenza pervada la vita. Il sospetto esercita una forma di possessione: gira come un disco rotto, senza possibilità di essere tacitato.

Non ha soggetti, né momenti di preferenza. È una modalità della mente che insinua incertezza in ogni incontro ed esalta la sensibilità per ogni elemento negativo, di modo che questi riempia l'attenzione trascurando ogni altro aspetto positivo. Per l'esercizio ogni momento è buono ed ogni situazione è propizia. Obbliga i suoi fedeli ad essere diversi davanti all'altro. Il timore del giudizio dell'altro, il sospetto che l'altro celi misteriose mire, impone la difesa preventiva, lo schermo, cioè l'evitamento accurato di essere spontaneamente coinvolti.

Una continua opera d'oscuramento vieta all'anima di lasciarsi prendere dallo stupore del godere la dimensione alta dell'incontro. È preclusa ogni forma d'autentica intimità. L'anima si avventura nelle secche dell'anaffettività e lentamente affoga nell'acidità del rancore dove tutto è tribolazione.

Il sospetto è lo sguardo contro l'altro del rifiuto. È la bestemmia che getta sul Volto di Dio l'accusa d'inganno nel suo amore. Ovviamente da qui in poi c'è la disperazione del sentirsi separati e persi!

Il sospetto genera separatezza e isolamento; mentre chi ne è in balia fa continua esperienza di solitudine. Per natura sua il sospetto è un esser-contro e quindi fomenta l'allontanamento. L'oggetto appare minaccioso e, ad ogni nuovo incontro, un sentimento d'opposizione provoca un ulteriore autodistanziamento che sfilaccia sempre più le residue possibilità d'avvicinamento.

Intanto l'attenzione si esercita nella ricerca di sempre nuove possibilità che giustifichino la separazione. Lo si può sperimentare alla fine di un rapporto intenso che viene interrotto: l'attrazione e l'incanto sono sostituiti dal rancore generato dal sospetto d'esser stati usati.

Quando poi il tempo medica il dolore, subentra un senso di solitudine alimentato dalla sfiducia, che molto spesso si determina in quella ostilità sotterranea che preclude ogni possibilità di nuova intimità: matura quella abilità perversa di dar corpo alle ombre che vieta ogni possibilità d'incontro.

Preconcetto e rifiuto alimentano e fanno crescere la separatezza, mentre sostanziano sempre più l'isolamento. L'altro viene vissuto con timore e un sentimento dubbioso vela di tristezza ogni incontro. L'altro non può essere percepito spontaneamente come il cielo. L'io si trincera sempre più nella convinzione che "è sempre meglio esser soli che male accompagnati".

Che sia risentimento o rancore, ciò che è negato è la possibilità del dialogo e della autenticità di un legame, perché l'altro può essere sempre un pericolo. Ma poiché dell'altro non si può fare a meno, né si può evitare la nostra corporeità, né prescindere dall'aria, dall'acqua e dalla terra, allora vivere può diventare insopportabile fino al punto di scegliere la separazione estrema.

Più spesso è l'isolamento col suo corteo di tristezze e ruminazioni a riempire di sostanza il sospetto. Nel suo orizzonte non c'è posto per la speranza e la verità è oscura. La stessa libertà è una condanna e gli altri sono l'inferno (Sartre). Alla fine la disperazione convince di male ogni verità e preclude ogni via di fuga verso quella luce che per principio il sospetto ha negato fin dall'inizio.

In misura diversa il sospetto è presente molto più di quanto si pensi e tutti prima o poi con lui devono fare i conti. Siamo tutti, in Adamo, discepoli del serpente. Il fatto che sia così poco esplorato lo rende molto più forte e agente subdolo delle nostre relazioni.

Nella società della competizione e dell'apparire regna sovrano, gettando ombre su ogni contendente, sottoforma di gelosie, invidie, maldicenze, pettegolezzo, gossip e mille altre modalità di demolizione degli altri. Per evitarlo si è invocata la trasparenza. Ma la sua natura spirituale poco ha da spartire con le procedure burocratiche e finirà per rendere ridicola l'operazione.

Nella nostra cultura si confonde di sovente le conseguenze con le cause. La trasparenza infatti è la conseguenza di un certo comportamento corretto e fiducioso, non il contrario.

Il sospetto è stato alla base della politica mondiale durante la guerra fredda. Ma oggi lo è nelle relazioni commerciali. È entrato prepotentemente nello sport e nello spettacolo, dove i risultati sono sempre più un prodotto medico e la bellezza un esercizio chirurgico.

La pratica del sospetto è diventato una fiorente professione con la psicanalisi, la quale si prefigge il compito di stanare le trame del passato che nasconde i suoi scheletri nell'armadio dell'inconscio.

Il sospetto, dove giunge, ha il potere, se non contrastato, di allargarsi a macchia d'olio e di invadere ogni ambito. "Il sospetto chiama sospetto". Genera timori e contrasti. Nella nostra cultura narcisista è d'obbligo. Quando l'io è tutto intento alla propria esaltazione, l'altro riveste il ruolo del contendente, perciò è sempre meglio dubitare ed essere attenti. Prudenza vuole!!

Accade così che ogni rapporto degradi nell'esercizio d'uso con le ovvie conseguenze di sofferenza talvolta tragica. L'altro infatti non potrà mai essere soggetto d'intimità, perché il sospetto lo vieta. Non resta di conseguenza che l'esercizio della soddisfazione che riduce l'altro al ruolo di oggetto d'uso. Tanta sessualità, propagandata come fine a se stessa, ha solo questa deludente funzione.

Il corpo perseguitato dalle diete, dal mito dell'efficienza e della prestanza obbedisce alla logica del "mai troppo bello", cioè dell'insoddisfazione.

Da ultimo tale atteggiamento si proietta anche sulle cose, le quali vengono sottomesse al capriccio della moda. La loro esistenza non è legata alla loro bellezza, alla loro intrinseca qualità, ma allo sguardo insensato e volubile che può capricciosamente decidere del loro valore e della loro sorte.

Il sospetto sta alla radice dell'invidia. Lo dice la parola *in-videre*, vedere contro. È presente anche nella gelosia patologica, dove obbliga ossessivamente chi ne è affetto alla ricerca del presunto tradimento dell'altro.

La paura ostile

In natura la paura ha la funzione di riconoscere il pericolo e di evitarlo. Nella relazione assume invece le forme del sospetto, dell'invidia o della gelosia, le quali sono figlie della paura ostile, quella che nasce da insicurezza. Tanto che sarebbe più corretto parlare di ostilità e di rabbia che di paura.

Fra le une e l'altra vi è una profonda connessione, tanto che dove ci sono si trova immancabilmente anche l'altra. La loro unione non dà mai frutti buoni né per sé né per gli altri. "È un'associazione a delinquere"! Come la bellezza riveste il volto del bene, così al contrario la paura ostile è il volto cupo del male.

Sono i bambini ancora una volta ad insegnarcelo. Quando infatti un piccolo ha paura di qualcosa la chiama "brutta" poi, in momento successivo, aggiunge anche "cattiva". "Brutto e cattivo" è ciò che fa paura da sempre.

La paura ostile è in grado di trasformare le varie forme della bellezza in motivi di pericolo. La storia è tristemente carica di queste tragedie.

La diversità, che è la prima dimensione della bellezza, è stata la tragedia del "diverso" di turno nei vari momenti della storia. Ne ha fatto le spese la donna, che è stata trattata per un essere inferiore e ancora oggi non ha ancora risalito completamente l'oscurità in cui è stata cacciata. Infatti, la sua condizione in varie parti del mondo è tuttora molto umiliante e purtroppo degradante. Ne fa e ne ha fatto le spese l'incurabile di turno: il lebbroso, l'appestato, il sifilitico, il tisico, l'ammalato d'aids... La diversità della pelle è stata la tragedia dell'Africa, ma anche delle minoranze americane. La diversità di religione ha insanguinato la terra fino ai nostri giorni. Come non pensare con orrore ai campi di sterminio e alle pulizie etniche dell'Europa e dell'Africa?

Il sospetto e la paura ostile hanno il potere perverso di indicare nel diverso non la ricchezza, la novità, la biodiversità o pur anche il bisognoso, ma la minaccia ed il pericolo. Il dramma si ripete nei confronti dell'unicità, la quale è portatrice del mistero della individualità. È perciò non accessibile per le vie della conoscenza e si lascia avvicinare solo per le vie del cuore, le quali sono sconosciute al sospetto.

La paura ha bisogno di controllare tutto quello che entra nel suo orizzonte e ciò che le rimane misterioso accentua la sua dimensione d'insicurezza e riveste per lei il ruolo del pericolo. Il suo costante bisogno di dominio delle situazioni va a scontrarsi con la dimensione temporale della bellezza, cioè l'irripetibilità che le impedisce qualunque attendibile previsione consolatoria. Perciò tutto quello che è diverso, unico e irripetibile agli occhi del sospetto e della paura diventa "brutto e cattivo".

Il secolo scorso ha sgranato una litania interminabile di bruttezze e cattiverie. La dimensione alta della ricerca filosofica si è arenata nell'angoscia heideggeriana o nel pensiero debole, cosicché sembra che non abbia più neanche uno straccio di verità da proporci. L'uomo si è esercitato nei vari "ismi" dai più tragici e truculenti ai più subdoli: nazismo, fascismo, comunismo, capitalismo, liberismo, razionalismo ... ecc. Si è voluto togliere dalle mani dell'uomo la responsabilità tentando di convincerlo che è un falso problema.

La filosofia gli ha suggerito di declassare il peccato e l'errore morale, perché solo attraverso la sua ribellione sarebbe diventato finalmente adulto.

La sociologia gli ha spiegato che sono i condizionamenti negativi della società che lo fanno peccare.

La psicologia del profondo gli ha insegnato ad attribuire all'inconscio, quel mare oscuro e profondo che è in ognuno di noi, dove la memoria personale si confonde con quella collettiva, la spinta inevitabile di quella poca o tanta pazzia, di quella poca o tanta trasgressione o coazione a fare il male che c'è in ognuno di noi. E quando si convince l'uomo della non responsabilità del male la via delle vicende più turpi e violenti va paurosamente in discesa.

L'uomo allora, esorcizzata la colpa, si sente protagonista assoluto e insindacabile delle vicende della storia e finisce per rifiutare di assumersi le responsabilità delle conseguenze del proprio operato. È elevato quindi a dignità politica la distruzione sistematica dei diversi e degli avversari politici. Ha giustificato ogni tipo d'aggressione e guerra, esaltando anche il militarismo.

E non crediamo che sia finito! L'attuale esaltazione del profitto che attribuisce la responsabilità della fame degli altri alla loro incapacità di stare sul mercato e d'essere competitivi non è meno odiosa e mortifera delle precedenti catastrofi umane. La fame continua a fare più morti delle guerre rivoltanti che il secolo scorso ha commesso. Commesso? Sì proprio così!

Un consiglio letterario: proviamo a non dire più fare la guerra, fare la fame ecc, ma commettere la guerra, commettere la fame, commettere il razzismo! Allora si può cominciare a capire la vera anima oscura di tutti gli "ismi" peggiori della storia.

La paura ostile ha generato anche altri mostri!

L'overkill (capacità di strauccidere) ha riempito gli arsenali di guerra del mondo di tali e tante armi che ognuno di noi riposa inconsapevolmente su una potenza di distruzione pari a qualche tonnellata di tritolo. Questi e tanti altri misfatti sono tutti progenie della paura.

Conclusioni

Al termini di questa riflessione è mia intima opinione che tutto sia stato generato nella gioia e per amore, anzi che la relazione filiaca fondamentale, l'amore, è la sostanza originale di tutto.

Lo stupore ci apre alla bellezza, che è il volto del bene. Il sospetto e le invidie invece ci allontanano e ci condannano alla solitudine della paura e dell'ostilità, la quale arma l'uomo contro tutti, diventati per suo effetto nemici. Ogni relazione che voglia essere portatrice di felicità deve liberarsi dal sospetto e dalla paura ostile, smettere di fare una questione vitale di tutto ciò che è solamente un'evenienza spiacevole. Il sospetto e la paura ostile caricano di pericolosità qualunque difficoltà, mentre la capacità di stupirsi sa vedere oltre le apparenze la novità e la scommessa.

Se siamo consapevoli siamo in grado di scegliere quale relazione mettere in campo. Ma se non lo siamo, allora l'inerzia emotiva ci renderà schiavi delle nostre piccole paure quotidiane e del branco. Di sicuro siamo dentro sempre una delle due parti, perché dalla relazione non si può star fuori. Può darsi che stiamo saltabeccando ora da una parte ora dall'altra, ma attenzione, che lo si sappia o no, ci stiamo giocando il nostro destino.

Il suggerimento che nasce alla fine di tutto questo dire è:

"Se desideri essere felice, lasciati stupire dalle persone e dalle cose, stando loro davanti come se fossero per te un regalo sempre nuovo."

Finita la prima riflessione, la suggestione continua attraverso un racconto. Ognuno faccia gli opportuni cambiamenti per meglio riferirlo a se stesso.

Le violette

Lo chiamavano Taxi per la rapidità con cui risolveva brillantemente ogni situazione. Era alto, di bel aspetto. E, come tutti i giovani affascinanti, doveva avere gli occhi azzurri e capelli biondomossi. Così almeno in Italia!

E nessuno si permetta di ridere sotto i baffi o si metta a tossicchiare nei riguardi dei vari biondi e delle varie bionde delle nostre classi...e nemmeno delle mie, perché ho apprezzato sempre anche le more, come non meno le brune!

Taxi, per gli amici Tax, era oggetto continuamente d'occhiate etologiche inequivocabili da parte di molte poco caste fanciulle. Avrebbero voluto volentieri trasmettere i suoi geni alla loro discendenza! Perciò era molto indaffarato a tenere a bada la sua intensa vita sociale.

Qualche volta esausto si concedeva una pausa.

Allora si infilava scarponi e zaino e andava ad ossigenarsi in montagna. Sì, perché tutte le sue "arrapate" gli toglievano il respiro!

Fu così che una mattina sul far dell'aurora si inerpicò su per uno di quei sentieri sassosi che non ammettono cedimenti e stanchezze e conducono in poco tempo in alta quota.

Stava per sorgere il sole dietro le rosate nuvole dell'alba.

L'umore umido del mattino si mescolava coi rumori dell'acqua, le grida degli uccelli e i colori della radura, dove si era fermato un attimo per riposare.

Si stava domandando se era il caso di fare uno spuntino prima di riprendere, quando la sua attenzione fu attratta da una macchia omogenea di foglie di un verde intenso e scuro con in mezzo dei piccoli puntini gialli non ben identificabili nell'incerta luce dell'alba.

Quasi meccanicamente posò lo zaino e si avvicinò per osservare: erano violette. Ora da vicino le poteva ben distinguere. L'intenso colore viola dei piccoli petali lo incantavano con il loro vellutato disegno. Poi si accorse anche degli esili gambi, delle foglie e della perfetta coerenza dell'insieme. Ebbe poi a costatare che ogni capolino era nella forma, nella posizione e per tanti altri particolari assolutamente unico: tutto era uguale, ma anche diverso; simile, ma anche nuovo. Meccanicamente si distese sulla pancia e, poggiando i gomiti per terra e il mento sui palmi delle mani, si mise ad ammirare. Mentre fissava quei piccoli fiorellini pieno di stupore, gli parve di guardare con occhio diverso, come se fosse per la prima volta. Il profumo e i colori gli stavano entrando dentro. Poi, pian piano, li sentì vibrare intimamente ed era convinto di vederli palpitare fin nelle loro strutture molecolari.

Quelle violette erano così vive da sembrargli che parlassero. Ma anche le altre piante, e i ciottoli, e le rocce; tutto era vivo ed egli fu inondato da un senso profondo di tenerezza ed estasi per tutto. Un sentimento di pace cosmico lo invase, mettendolo in relazione consapevole e rispettosa con tutto quanto lo circondava.

Questo stato di beatitudine durò tutto il giorno.

Quando poco più in là trovò una piccola sorgente ebbe la medesima sorpresa con l'acqua che raccolse, tanto che non riuscì a berla per il timore di farle del male.

Chi lo vide nei giorni successivi stentò a riconoscerlo e rimase incantato dalla pace che emanava la sua presenza. Egli stesso trovava molto difficile riprendere il suo solito turbinio d'impegni che sentiva essere assolutamente privo di senso.

Ora guardava ogni cosa con un altro occhio: voleva conoscere di più per essere più intimo, più capace di amare. Questo stato di grazia durò molti giorni; poi poco alla volta si esaurì e fu di nuovo inghiottito dal ritmo degli impegni e dalle tentazioni del genere femminile, che ora, lo trovava ancor più affascinante. Un giorno, mentre si esercitava nel laboratorio d'analisi dell'università, si ricordò dell'acqua che non aveva bevuto in montagna. Ovviamente il giorno dopo l'analizzò. Era un'acqua eccezionalmente pura! A conferma della sua scoperta ricordò anche che la roccia di quella montagna era scisto di granito, cioè quanto di meglio per una fonte d'acqua minerale.

Gli anni successivi Taxi gli impiegò a laurearsi, a divertirsi e a mettere insieme tutto quanto di burocratico e finanziario servisse per sfruttare la sorgente d'acqua minerale. E la fortuna gli arrise. Successo, soldi, potere e molte belle fanciulle non gli mancarono mai! Ma spesso era assalito da una strana inquietudine, una voglia di fuggire, un malessere inspiegabile. Il denaro per l'analista non gli mancava di sicuro, perciò si scelse il più costoso sulla piazza... Se la menò per cinque sei anni!

Capì tante cose del suo comportamento, dei suoi ritmi frenetici, delle sue abitudini sessuali, ma quella venatura di amara tristezza, di segreta paura lo perseguitava da dietro ogni suo successo ed ogni nuova avventura. Ora possedeva tutta la montagna, che aveva magnificamente recintata e dotata di un'avveniristica cabinovia. Si spostava in elicottero da una parte all'altra per controllare le varie sedi di imbottigliamento e le vasche di decantazione delle acque. Con gli anni qualche capello bianco si fece vedere e la sua inquietudine diventò rancorosa. Amava di meno la compagnia e desiderava sempre di più stare da solo. Non voleva più il pilota dell'elicottero e preferiva muoversi da solo.

Fu così che una mattina volò all'eliporto su nella radura vicino alla fonte. Atterrò male proprio al bordo della piattaforma di cemento e quando scese incespicò e cadde bestemmiando in mezzo all'erba. Non si fece gran che, ma i suoi calzoni di lino griffati riportarono delle serie patacche di verde sulle ginocchia. Se ne stava così incavolato ad imprecare contro l'erba pentendosi di non aver fatto ricoprire tutta la radura, quando fu attratto da quello che aveva schiacciato.

Erano violette!

Le guardò fissamente e gli parve soffrissero. Le foglie nei punti di rottura e piegatura si erano fatte più scure. I piccoli petali vellutati viola degradavano sensibilmente verso il nero e dai gambi spezzati usciva un umore biancastro. Subito gli si serrò il respiro in gola, mentre sentiva quella sofferenza trasferirsi in tutte le direzioni. Gli balenò il pensiero che tutto l'universo fosse in preda ad una tristezza cosmica. E finalmente cominciò a ricordare.

Dal profondo, come un terremoto, il pianto lo scosse tutto con singulti inarrestabili.

Quanto, e quanto tempo aveva perduto! Si inginocchiò davanti a quelle minuscole violette calpestate e gli parve che tutto si acquietasse.

Allora ricordò e con le proprie lacrime comprese il pianto dell'universo!

Farfalla

Non aver paura.
Quand'anche vagassi
nell'oscuro male,
bellezza ti illuminerà.

Non aver paura.
Quand'anche fossi bruco,
porti sempre dentro
il destino di farfalla.

Non aver paura.
Un fiore di luce ti attende
per farsi grembo profumato
in petali d'aurora.

Non aver paura.
Le tue zampine
su pistilli fecondi
canteranno alla vita.

Se alzerai le ali
nel volo di colori,
sarai gocce di sole
e non avrai più paura!

Capitolo III
LA NOSTALGIA

La nostalgia di Dio

Il giorno dopo Dio scese nel giardino d'Eden
e non trovò l'uomo.
E Dio vide che non era cosa buona.
Allora disse:
«Non dimenticherò l'uomo,
lo amerò ancora di più».

«Può forse una madre dimenticare il proprio figlioletto?
Quand'anche una madre dimenticasse il suo piccolo,
Io non dimenticherò l'uomo,
perché porto scritto il suo nome nel palmo della mia mano».

« Io l'amerò ancora di più,
perché Io sono il buon pastore,
conosco le mie pecore
e le mie pecore conoscono me.
Il buon pastore offre la vita per le proprie pecore.».

«E anche se mi uccidesse,
io l'amerò di più.
Salirò al Padre e gli manderò il Consolatore
per non lasciarlo mai solo.

Così mi amerà di più».

Dio e la nostalgia

Mi scuso per aver così liberamente e creativamente associato versi del Libro scritti in tempi lontani fra loro, che vanno dal profeta Isaia al Vangelo.

Secondo una mia esigenza di chiarezza faccio subito la mia brava ricerca etimologica sulla nostalgia, la quale significa (dal greco *nòstos*, ritorno e *àlgos*, dolore) desiderio acuto di ritornare.

Abbiamo dunque la combinazione di due significati: uno riferibile al ricordo, da cui nasce il desiderio del ritorno e l'altro di sofferenza legata allo sradicamento. La nostalgia dunque, ci rimanda ad un legame minacciato dall'allontanamento, una relazione ferita dal distacco.

Tanto Dio che l'uomo portano dentro il trauma dello strappo. Ma Dio aspetta pazientemente il confuso cercarlo dell'uomo. Quando prende l'iniziativa squarcia i cieli e si mette a camminare nelle strade distratte del mondo. Quando l'uomo L'incontra è sempre ferito e non sa chi lo stia curando, mentre annaspa nel sogno di un mondo migliore.

L'azione divina nel testo sacro è caratterizzata dalla continua ricerca dell'uomo. Non si dà pace, non sopporta di perderlo. Si direbbe che n'è innamorato. Anch'Egli porta nel cuore la ferita del distacco da cui nasce la sua nostalgia. E non vuole e né può dimenticarlo, perché porta "scritto il suo nome nel palmo della mano" (Isaia).

Questo modo di dire tipicamente orientale nasce da un'usanza che era praticata anche presso gli ebrei. Quando due amici si volevano veramente bene, potevano suggellare la loro amicizia con il patto di sangue. Si praticavano una ferita nel palmo e poi mischiavano il loro sangue stringendo le mani ferite. Diventavano così fratelli di sangue; si scambiavano anche i nomi, perciò in seguito portavano insieme al proprio anche il nome dell'amico. I figli, le cose, i bisogni dell'uno diventavano dell'altro. Inoltre si obbligavano a provvedere l'uno all'altro in caso di necessità secondo le singole possibilità e a difendersi vicendevolmente nel pericolo. La ferita che ognuno portava nella mano era il segno indelebile del loro patto. Cosicché ogni mattina al primo risveglio con le abluzioni al volto, la ferita del palmo era là a ricordare il fratello di sangue. Da qui il nostro nome scritto nella mano divina.

Ma Dio farà ancora di più facendosi uomo in tutto e per tutto come la sua creatura e sebbene ucciso, regalerà il suo Spirito che dimori dentro l'uomo per sempre.

Fin qui la nostalgia di Dio. E quella dell'uomo?

Andando a leggere il testo sacro con l'intelligenza del cuore, ci si confronta con un sentimento profondamente umano, ma anche divino.

Vi è continuamente la sovrapposizione delle due caratteristiche, infatti, la storia che lo racconta è detta sacra, sebbene per lo più parli di vicende umane. Le immagini sono di un re che cerca il suo popolo, un pastore le proprie pecore, una madre il suo piccolo, una cerva assetata il ruscello, un padre che dall'alto scruta l'orizzonte aspettando il ritorno del figlio perduto... e molti altri, finanche lo sposo che corteggia la sua sposa.

Tutto questo è intensamente umano, ma dice anche la tenacia e la sofferta pazienza divina nella ricerca o nell'attesa.

Il ricordo

La nostalgia ha la sua origine in un profondo, lontano ed oscuro ricordo, come ci dimostra il nostro bisogno di assoluto. Preferisco pensare che la parola sia composta da *ri* e *cor*, perciò il significato sarebbe traducibile in risentire, rinnovare (*ri*) nel cuore (*cor*). E dunque il ricordo è un far nuovo, un rendere presente nel cuore, nei sentimenti qualcosa che sta lontano e nel passato.

Vi è quindi una lontananza da valicare che sta dentro di noi, come in Dio indifeso di fronte alla libertà dell'uomo di allontanarsi. Mi fa tenerezza. Se dovessi ascoltare il mio cuore lo consolerei con molta delicatezza e senza paura.

Ogni uomo porta dentro questo strappo, questa nostalgia che nulla può placare nella vita.

Può suonare con quel "ancora di più" che ci ripetiamo sempre dopo la domanda sulla nostra felicità.

Gli psicologi l'attribuiscono al trauma del venire al mondo, dell'abbandonare il grembo materno. Sarebbe quello il giardino di Eden dal quale siamo stati estromessi. Visto dalla parte di chi nasce la teoria è condivisibile. Ma la madre invece gioisce quando prende in braccio il figlio e non pensa certo di averlo perso nel partorirlo. Anche Dio un giorno pose l'uomo nel suo giardino dalle braccia della sua tenera presenza. E non importa se questo giorno va dal big bang iniziale fino alla comparsa del genere umano. Qui il significato che conta è la relazione svelata.

Ebbene un giorno questo figlio, vittima del sospetto, si divincola e si avventura nelle vie della paura e perde il conforto e la meraviglia della presenza divina.

Il primo esempio è subito tragico: Caino ed Abele. L'agricoltore e l'allevatore. Si tratta di una vecchia rivalità, durata fino ai nostri giorni. Si ricordino le contese risolte a colpi di revolver nei film americani tra caw boys e coltivatori?

Ma il racconto è più che un conflitto di interessi tra il possesso della terra da destinare ai pascoli o alla semina. È qualcosa che scatta dentro l'animo umano.

Caino sospetta che il fratello sia più fortunato, maggiormente benedetto da Dio, il quale accetterebbe con maggior attenzione i suoi sacrifici. Allora si scatena in lui la furia omicida contro Abele e l'uccide. Questa non è una storia vecchia, ma è un racconto che ascoltiamo ormai distrattamente tutti i giorni. La scalata alla ricchezza è percorsa da tantissimi Caino, non meno di quella che porta al potere e al successo.

E ci sono tanti modi di uccidere! Abele e Caino sono le due facce di una stessa medaglia: l'animo umano. Ambedue sono figura del ricordo di Dio. Abele lo va cercando attraverso il profumo dei suoi sacrifici che sale verso il cielo. Caino invece è costretto a farne i conti attraverso il rimorso. Allora fugge, va errando, cerca l'oblio.

Ecco una nuova coppia: il ricordo e la rimozione. In fondo, molto in fondo, c'è in ognuno di noi una traccia, chiamatelo anche archetipo, dell'assoluto che bussa alla nostra consapevolezza. A nostro modo scegliamo continuamente se ricordare o dimenticare, cercare o fuggire, ascoltare o distrarci, aprirci o chiuderci, pregare o imprecare.

Allora il Signore disse a Caino: «*Dov'è Abele, tuo fratello?*» Questa domanda dentro di noi suonerebbe pressappoco così: «*Che ne hai fatto della parte buona che è in te?*»

Caino rispose in questo modo: «*Non lo so. Sono forse il guardiano di mio fratello?*» che tradotta per noi sarebbe: «*Ma quale bontà e quale responsabilità?*»

Di seguito ci toccherà fare i conti con quel sentimento fondamentale che nella ricerca della felicità rimane sempre affamato. E chi non vuole esser felice? Se lo vuole, vuol dire che lo cerca. E se lo cerca, vuol dire che non ce l'ha, quantomeno non in pienezza.

Io chiamo questo sentimento "nostalgia di Dio", che è la ricerca continua di un significato che dia un senso pieno, un valore al nostro fare e sentire.

Approfondendo, scavando nelle parole e provando ad entrare nel mistero dello spirito umano, il quale non smette mai di sentirsi un po' straniero tanto nel proprio corpo, come nello spazio e nel tempo, si continua a sognare di poter volare fuori e dentro l'anima.

La nostalgia è propensione, cioè quel pendere, quel essere attratti sempre dalla parte dove porta il cuore. Ma il cuore presto impara che ogni nuova meta è sempre parziale. Quello che gusta è solo l'anticipo di una visione che non è mai piena. Dopo un orizzonte ce n'è sempre un altro. E la paziente speranza continua a credere che alla fine dietro l'ultimo confine incontrerà l'infinito.

La nostalgia è paziente. Non si stanca mai di bussare alle porte del cielo. La sua ostinatezza è quella del bambino che cerca la madre, del vecchio che chiede riposo, dell'adulto che rivendica una casa ed una patria.

Talvolta è la muta domanda del sofferente: «*Chi mai ci potrà consolare? Chi disseterà le nostre anime? Chi sazierà il nostro cuore?*»

La nostalgia del cuore si fida. Non può correre il rischio del dubbio. Sa che più in là incontrerebbe la disperazione. Essa invece continua a leggere nel segreto del suo mistero la ferita del distacco e insegue la promessa dell'incontro.

La nostalgia ama. Infatti, più diventa consapevole dello sradicamento e più è attratta dall'origine. Sa che ogni esperienza di stupore diventa poi nostalgia. Allora impara a intessere quel dialogo d'amore che costringa il creatore a rivelarsi. Impara ad amarlo e a cercarlo ovunque qualcosa lo ricordi, perché la nostalgia ha il segreto della speranza.

La nostalgia si fa sguardo. Il vedere risiede nella naturalità dell'occhio. La nostalgia invece è sguardo, un posare l'occhio con delicatezza, perché il suo è un cercare le tracce dell'amore, uno scoprire che è passato di là.

È anche ascolto. Non può disperdersi nella chiacchiera, rischiare la distrazione.

È in ascolto del passo che viene, dei suoi testimoni. Perciò si nutre di silenzio, perché il suo Signore viene nella pace.

La nostalgia perdona. Mentre incessantemente aspira all'abbraccio definitivo, non odia l'attesa.

Il suo Signore tarda, ma lei lo perdona in vista del coronamento del suo sogno.

Anche la nostalgia è icona. Il suo cercare è già immagine del gettarsi nell'eterno abbraccio, perché è l'incessante stare con le braccia protese. Non è solo memoria, ma è anche promessa: un gettare il cuore oltre l'ostacolo. La segreta tristezza per il tempo presente è profezia di colui che viene per sempre ad asciugare le lacrime dei suoi piccoli: un grido che colpisce il cuore del cielo.

La nostalgia ha come oggetto l'assoluto e si consuma solo nel suo incontro. Infatti, null'altro può soddisfare la sua sete e lenire la sua ferita. Il suo riposo è là dove il distacco ha scavato la voragine del suo sradicamento, di cui essa è figlia.

Parlare dell'assoluto non è facile, soprattutto in tempi così pedestremente materialisti. Dire che l'assoluto è la bellezza, l'amore, la santità, la dolcezza, la tenerezza, la giustizia, la gioia e tutto quanto v'è di positivo racchiuso in una sola parola è sicuramente condivisibile. Come pure affermare che è Dio. Ma poi le esperienze che abbiamo di queste cose sono così banali e così squalificate nel linguaggio comune, corrotto e impoverito dalla koinè pubblicitaria, che rischiamo di rimanere indifferenti.

Allora provo con il linguaggio negativo.

L'assoluto è la sorpresa che non cessa mai; il fiore fresco che non appassisce; il sole che non tramonta; l'innamoramento che non si stanca; il cuore che non invecchia; l'estasi senza tempo; il cielo senza nubi; le nubi rosa di un'aurora continua; l'abbraccio senza scadenza; il tenersi per mano nell'emozione d'un'incessante tenerezza e poi ancora...!

Si può andare avanti ogni giorno segnandone una nuova a cui dedicare un po' di riflessione. Allora si potrà conoscerete il segreto dell'autentica nostalgia dell'assoluto e Dio sorriderà nel silenzio.

Contro l'assoluto l'attuale cultura consumistica sta portando un attacco feroce e subdolo. Si vuole, infatti, far credere che ciò di cui si ha bisogno è la novità con tutti i suoi innumerevoli prodotti portatori di sorpresa, di prestigio, di felicità, di benessere e di soddisfazione. Certamente, non lo si dice chiaramente, magari lo si fa in modo ironico, ma intanto il messaggio è lanciato. E si sa che una bugia detta settanta volte diventa una verità! E non ci si illuda d'esserne esenti. Guardiamo quello che vestiamo, usiamo e consumiamo. È tutta roba di marca? È griffata? Stiamone certi l'assoluto non è di marca, non è griffato e né andrà mai di moda!

La nostalgia ha due fondamentali caratteristiche: l'estraneità e la costanza.

L'estraneità è quel sentimento di base che è generato dalla precarietà, cioè dalla consapevolezza che tutto passa e che prima o poi bisogna lasciare e andare. Essa fa sì che ogni stabilità mostri la sua faccia illusoria.

Le esperienze di distacco sono presenti nella quotidianità. Siamo tutti pellegrini dell'assoluto e portiamo dentro il sentimento d'estraneità finché non incontreremo la gioia infinita. Se abbiamo imparato a far silenzio dentro, continueremo a sentir quel "ancora di più". La sua voce è costante, non si smentisce mai. Talvolta la copriamo col fracasso delle nostre distrazioni e dei nostri stordimenti, ma poi è di nuovo lì col suo "non basta".

Quando cesserà e dove? Se un posto c'è, e io credo che ci sia, là fin da ora è bene darsi appuntamento e vi assicuro che ci sarò. Ma se solo uno di noi mancherà all'appello vorrà dire che si è fatto inghiottire dalla dimenticanza, non sopportando la sua voce interna... e la sua sventura sarà grande.

La dimenticanza è invece il torpore spirituale, la perdita di sensibilità con la caduta di vitalità che determina un rallentamento ed un impigrire dello spirito. È un fenomeno anestetizzante che copre una sofferenza senza eliminarla. È chiamata anche rimozione o inerzia emotiva ed è in grado di trasformare la nostalgia in una diffusa tristezza ed insoddisfazione.

Tale sentimento di prigionia, che non trova risposta, avviluppa l'anima e spegne la speranza generando un'inquietudine di fondo spesso insopportabile. Allora comincia la ricerca confusa d'un qualche rimedio. Può essere lo stordimento del divertimento che impedisca di pensare; oppure la fuga chimica: il fumo, l'alcool e le droghe; o anche il gettarsi nella fama intraprendendo i percorsi della scalata al successo, i quali si accompagnano all'auto esaltazione della prestanza con l'adorazione delle mode e del corpo. Più spesso è la caduta nella schiavitù dei vizi più volgari del cibo e del sesso.

Tutto questo diventa con il tempo il vortice dell'impazienza sempre più rinforzata ed alimentata dalla delusione che accompagna questo tipo di vita. Si chiama anche coazione, cioè costrizione morale e psichica a ripetere.

In fondo a questa strada c'è la delusione, l'impotenza e la perdita di ogni speranza: la disperazione. È fatta di un brontolamento continuo, stizza, insofferenza, incupimento e fastidio alternato al rifiuto taciturno ed ombroso.

La dimenticanza è caratterizzata da un'oscurità interiore che traduce ogni decisione in un dramma dell'incertezza e dell'insicurezza, proprio perché non ha chiari i fini a cui ancorare la propria vita. È quindi logico che diventi prima o poi preda del sospetto e della paura. Le manca quel contatto con le profondità del suo essere che uniche alimentano la sicurezza. Allora tutto può sprofondare nel rancore, che è il marcire dentro.

Quella della rimozione è un brutta convivenza interna fra insoddisfazioni, paure, sospetti, invidie che fanno irrancidire l'anima. Sono tutte brutture che incattiviscono!

La dimenticanza è anche cecità, incapacità di posare lo sguardo sulle cose per vedere oltre. Al contrario non riesce a rispettarle, le aggredisce, le usa nel solo intento di placare la sua fame e la sua delusione. Passa da l'una all'altra con la facilità del capriccio e poi le getta come un giocattolo che non piace più. Con la stessa cecità gioca con il proprio corpo e la propria vita.

La confusione di sentimenti e pensieri non le consente di ascoltare il canto di fondo, il richiamo dell'essere. Preferibilmente si disperde nel rumore per dimenticare la sua fatica di vivere.

L'appuntamento con la delusione, puntuale alla fine di ogni nuova avventura, si fa accusa contro tutto. Anziché cercare l'essere, lo incolpa di venire o anche di esistere. Allora sono la bestemmia ed il pugno alzato contro il cielo a costringere Dio nella solitudine silenziosa di chi lo rifiuta e non sa ascoltarlo.

La dimenticanza è anche l'abbassare le braccia disperando d'essere accolti: figura della fuga dal giardino dell'Eden. È un farsi fuggiasca da una patria definitivamente perduta. Per cui non resta che accontentarsi dei surrogati mondani che mai potranno placare l'intima sete d'infinito. La fiacchezza che nasce dal rifiuto d'una meta e dalla perdita dell'entusiasmo dello spirito è figura di sconfitta, è appuntamento con la disperazione.

Il materialismo

La rimozione del bisogno dell'assoluto si accompagna sempre con la sua negazione e con il conseguente ancorarsi al materiale. Avendosi preclusa la risposta alta non gli resta che pascere il suo occhio nelle cose. Inevitabilmente con il tempo finisce per divinizzarle, sebbene sappia della loro caducità. Ma dovrà pur dare un senso al suo vivere ed un puntello al suo andare avanti.

Si sa che ogni cosa posseduta oltre che arrecare un'utilità porta con sé anche una servitù, fatta dell'accudirla e del conservarla. Se infatti, acquisto un paio di scarpe per mia utilità, devo anche provvedere a tenerle pulite e far posto dove custodirle. Ma se invece ne compro mille, l'utilità oltre una certa massa critica non aumenta, anzi diventa problema, perché devo pensare come custodire tutta questa roba. Si potrà allora dire non tanto "le scarpe di" ma bensì "quello delle scarpe". Il che vuol dire che non sono più le scarpe utili a me, ma sono io al servizio delle scarpe. Questa è una tipica situazione generata dalla dimenticanza dell'assoluto: si finisce per servire le cose! E l'affanno è quello della corsa quotidiana all'accaparramento di tutto quanto possa soddisfare per un po' questa fame; persone comprese, ridotte a terra di conquista.

La perdita del senso dell'assoluto genera fughe e dipendenze. Ci son tanti modi di fuggire e le vie sono le più disparate. Possono essere le vie dell'ansia, delle fobie e della depressione; l'affondare nell'oblio chimico dei psicofarmaci e della droga o anche le forme di vita violente e pericolose. Tutte hanno in comune un che di tragico e di penosamente inutile.

La dipendenza consiste nell'ancorarsi a qualcosa che, pur essendo caduca, è elevata salvezza. Il rifiuto ad alzare lo sguardo al cielo fa scambiare per valore sicuro ciò che è terrestre e perituro. L'attaccamento più praticato è sicuramente il denaro, anche perché è ritenuto il maggior simbolo di forza. Al secondo posto viene sicuramente il successo, la visibilità, la rinomanza, cioè l'esser al centro dell'attenzione. Al terzo va messo il potere, sebbene la graduatoria possa essere facilmente capovolta. Questa è sicuramente la trinità più adorata dal popolo della dimenticanza. Ci sono poi gli altri piccoli dei del vizio e della carne, che fanno sempre da servitori alle divinità maggiori e sui quali non merita per ora a star a riflettere.

La conclusione che si ricava da queste riflessioni è che tutti portiamo dentro sotto forma di nostalgia un grande bisogno d'assoluto, come traccia profonda di figliolanza divina. L'Assoluto chiama uomo, vuole stabilire un'alleanza con lui, un nuovo patto d'amore. Come Dio ha fatto le sue scelte, così l'uomo, anzi ogni uomo, si trova davanti al bivio della sua libertà. Si tratta certamente anche di linguaggio simbolico, che adombra il dramma individuale umano.

Ma l'uomo, ogni uomo, quale relazione privilegerà?

La nostalgia che il suo spirito ha dell'assoluto o la rimuoverà negando l'assoluto che porta dentro di sé?

Sceglierà di gemere con tutto l'universo nell'attesa del suo Signore o si accontenterà degli dei capricciosi e fatui della ricchezza, della fama e del potere?

Avrà lo sguardo proteso verso l'era dello spirito o invece camminerà con la testa ed il cuore rivolto ai pascoli delle cose?

Il suggerimento che nasce è:

"Se desideri essere felice, prova a far tacere le cose e lascia che la nostalgia dell'assoluto ti possa accarezzare."

Non si abbia paura, se infelicemente ci si è avventurati per le vie del materialismo c'è ancora tanto da riflettere.

Alessandro

Due occhi grandi spalancati sul mondo fanno di Alessandro un bambino speciale. Poco importa che sia down, perché la sua sapienza è del tutto unica. Nella sua mente le coppie sono poche, ma decisive: vero o falso; buono o cattivo; bello o brutto; utile o cattivo (non capisce inutile o dannoso); vivo o morto, mio o tuo e forse qualcun'altra a cui fa poco ricorso.

Per lui il gioco è bello e la fatica è brutta.

La torta è invece buona come lo è la mamma ed il sole.

Star seduto a fantasticare è bello, mentre correre a destra e a sinistra è brutto. Però se si tratta di andare a far compere allora è bello.

I suoi piaceri sono molto semplici e naturali.

Ama giocare, fare la lotta con il papà, ascoltare quello che dicono le donne. Spesso rimane incantato a guardarle e sente tanta dolcezza dentro.

Gli piace mangiare, dormire e fare delle lunghe sedute... in bagno. Chi lo sorprende sul water direbbe che se la dorme, se non fosse per il tardivo disappunto che sempre si disegna sul suo volto.

Ma da un po' di tempo a questa parte le sue sedute igieniche si sono fatte più lunghe.

Richiamato all'ordine, stranamente rimane rabbuiato più del solito e non si capisce il perché. Infatti, Ale non se la prende mai: perdona tutto e si butta alle spalle ogni dispiacere. Ma in questa nuova situazione non mostra gradire. Par di capire di distrarlo in qualcosa di molto speciale che non desidera interrompere.

Ogni tanto viene fuori con dei racconti sorprendenti, dove inspiegabilmente dimostra di conoscere fatti a cui non può essere stato testimone.

Ale, seduto sul water, ha imparato da solo un nuovo gioco.

Fatti i suoi bisogni, ha perfezionato un modo nuovo di fantasticare. Si immagina di essere sulla giostra ai giardinetti e di girare vorticosamente. Quando raggiunge la velocità in cui non riesce più a vedere nulla di quello che gli sta intorno, si tocca al centro della fronte e si lancia fuori dalla testa. Comincia a galleggiare nell'aria sopra il suo corpo seduto sul water con la testa fra le mani. Poi, controllato che la mamma sia indaffarata, prende la finestra e vola da papà. Ma non si diverte molto, perché non riesce a prendere in mano gli strumenti da lavoro e tutte le cose che tenta di toccare gli passano in mezzo alle dita senza muoversi e inoltre il papà non gli dà neanche retta quando gli parla. Trova molto più divertente sedersi sui cofani delle macchine a far le boccacce ai guidatori.

Ma quelli non se ne accorgono, perché sono troppo intenti a fumare o a parlare al telefonino e a non farsi sorpassare.

«Tutti stupidi» pensa Ale e si accorge che la sua grossa lingua non si impasta contro il palato.

Si sa che l'appetito vien mangiando! E Ale è uno che non sa dir di no, perciò si avventura sempre in posti più lontani.

Qualche giorno fa, guardando in alto, ha intravisto una bellissima luce in fondo ad un tunnel come quelli che attraversa al parco giochi. Si è avvicinato in volo e ha visto tante persone felici che gli venivano incontro. Insieme a loro ha vagato per un po' giocando all'acchiapparella e poi, mentre inseguiva la più bella, si è trovato ad andare velocissimo dentro il tunnel verso la luce. Una volta davanti alla luce, quello che Ale ha provato lo sa solo lui. Comunque si sentiva avvolto da mille colori ed il suo cuore scoppiava di gioia, più di quando la mamma gli faceva le coccole ed il solletico, molto di più! E poi tanta dolcezza, tanta tenerezza e tanto caldo tepore nel cuore. Allora la Luce gli ha parlato, anzi l'ha sentita dentro il cuore... bellissima!

«Alessandro ti piace stare con me?»

«Sì, tanto tanto»

«Quanto tanto?»

«Tutto il mare».

«Alessandro ora devi tornare».

«Ma io voglio restare qui per sempre».

«Un giorno tornerai per sempre. Ma ora devi tornare dalla mamma e dal papà»

«*Ma la mamma e il papà non hanno bisogno di me*».

«*No Alessandro, il tuo papà e la tua mamma hanno bisogno proprio di te per imparare ad amare disinteressatamente. Ma io non ti abbandonerò mai. Quando sentirai nostalgia di me, siediti, chiudi gli occhi e cercami nel tuo cuore; allora sentirai dentro molta calma e calore. Io sarò là.*
Ora vieni qui, ché ti abbraccio e ti coccolo un po'».

Un'immensa gioia ha accompagnato il suo volo di ritorno nel corpo. Ora le sue sedute in bagno sono ritornate regolari, se così si può dire! In compenso si siede sulla poltrona davanti alla finestra per ore a guardare estasiato il cielo.

Ogni tanto chiude gli occhi ed il suo volto si accende di un sorriso celestiale.

Io sono

Mia piccola anima,
ti ho visto piangere
e non mi hai chiesto
d'asciugarti le lacrime.

Avevi fame e sete
e non hai chiesto
le dolcezze del mio
petto.

Eri stanca e sola
e non mi hai chiesto
di prenderti in braccio.

Guardami:
Io sono l'amore,
colui che ti consola.

Io sono il fiore della
nostalgia.

Nostalgia

È nostalgia
il pianto del tempo,
il lieve increspare
della memoria
che si fa battito!

Posso bussare alla
sua porta,
aggrapparmi alle
sue mura,
ma son sempre i fili
della vita,
il tessuto del
passato,
a scaldare il
presente ...
    ed amo ancora.

Capitolo IV
LA MISERICORDIA

La misericordia divina

Io sono.
Sono il Signore.
Sono il tuo Signore.
Sono un Dio di misericordia
che si fa grembo materno per te.
Sono un Dio pietoso
che si china fino a te.
Con te non mi adiro.
La mia bontà è sempre gratuita ed inaspettata.
Ti conservo il mio favore per mille generazioni.
Lavo le tue ferite e le guarisco,
perché Io ti perdono.

Un po di cronaca

Nella prima riflessione, parlando di relazione, si è detto che le emozioni sistemiche che la guidano sono la filia e la rabbia, le quali includono rispettivamente ai livelli più alti la prima la misericordia e l'altra la crudeltà.

Sono decine d'anni che mi intrattengo con il passo biblico di Esodo 34. La traduzione che ne ho fatto, è liberamente interpretata come naturalmente si deve concedere all'ispirazione, ma il significato è fedele con quanto ho compreso dopo lunga fatica e anche sofferenza.

Questi concetti nella vita di un uomo, se presi seriamente, fanno la differenza.

Ricordo bene: era una di quelle uggiose giornate autunnali milanesi. Da qualche tempo le teorie che avevo appreso in anni di studio e specializzazione sulle sofferenze psicologiche cominciavano a mostrare tutti i loro limiti. Continuavo a ripetermi il loro sicuro valore scientifico che con tanta fatica avevo maturato, sebbene alla prova dei fatti i conti non mi tornassero più. Ed è un bel guaio dare dei consigli terapeutici sui quali si comincia a dubitare.

In quegli anni praticavo a tempo libero la professione di psicoterapeuta. Possedevo tante belle macchine elettroniche di biofeedback che mi riempivano di sano orgoglio professionale! Si diceva anche bene di me!

Ma la mia origine contadina guardava ai frutti dell'albero storcendo spesso il naso.

E fu così che repentinamente mi balenò per la mente una strana idea, suggerita dai continui lamenti dei miei pazienti: "Dietro ogni nevrosi c'è un perdono mancato". In buona sostanza ho cominciato a pensare che dietro ogni malessere dell'animo si nascondesse qualcosa di non accettato, non perdonato, non accolto. Per cui davanti ad ogni lamento o malumore mi ponevo la domanda: «Cosa non si perdona o non si sta perdonando?» Figuratevi lo scompiglio in testa.

Mi dicevo che era un'idea peregrina, ma intanto continuavo ad ascoltare il tormento ed i resoconti dei rancori rivolti a se stessi e contro gli altri.

Ad una simpatica e vivace signora che mi raccontava le sue insonnie causate, a suo dire, dall'antipatica suocera, (povere suocere!) proposi come rapida soluzione il perdono per la medesima con risparmio di tempo per me e soldi per lei. Ricordo che le ripetei per sdrammatizzare che "non tutti i mali vengono per suocere"! La sua risposta stizzita invece fu: «Ma io allora perché la pago? Io non voglio perdonare mia suocera. Io voglio dormire». Sic!

Fu così che cominciai a cercare nei libri di psicologia il termine perdono per vedere cosa si dicesse. Ma il termine era sconosciuto a tale scienza.

Ho cercato allora nei libri di cultura religiosa, ma le spiegazioni non mi dicevano più di quanto già sapessi. Ho consultato quindi i dizionari teologici i quali riportano la misericordia, ma il perdono, come argomento specifico, è trattato come un sottosignificato della misericordia. Lascio a voi pensare i libri che ho consultato e le ore che ho trascorso in biblioteca; tanto che ormai conoscevo tutti gli abituali frequentatori.

Nel frattempo chiudevo la professione, perché la mia abilità a cercare il "perdono mancato" era diventata così efficiente, che le altre cause contemplate dalla scienza si assottigliavano sempre di più ed io mi domandavo se stessi facendo il consulente spirituale o lo psicoterapeuta. Finché mi avventurai nel libro sacro da dove la parola sicuramente proveniva. E qui sono cominciate le sorprese. A piccoli e lenti passi a causa del mio analfabetismo teologico e biblico di ritorno, erano più di quindici anni che non praticavo questi studi, ho cominciato a scavare nelle parole, come era mia vecchia e consolidata abitudine.

Le parole sono delle miniere, basta ascoltarle, guardarle, sondarle, trattenerle con la riflessione: dentro hanno un tesoro! Ed io credo proprio di aver trovato il tesoro della mia vita: il cibo forte che sazia la mente ed appaga il cuore.

Le cipolle d'Egitto

La pagina del capitolo 34 dell'esodo racconta di una teofania, vale a dire di una manifestazione diretta di Dio: un suo mostrarsi, un presentarsi. Più avanti spiegherò i significati che io vi ho letti. Ora vorrei invece simpaticamente immergermi nella situazione in cui accadde l'evento teofanico.

Da qualche tempo gli ebrei vagavano per il deserto dopo essere fuggiti dall'Egitto. La fuga era stata un po' rocambolesca, con i carri da guerra degli egiziani alle spalle e le acque minacciose del mar Rosso ai fianchi.

Alla fine ce l'avevano fatta e gli odiati nemici erano affogati. Ora però dovevano fare i conti con il deserto e con la loro "guida turistica": un certo Mosè, uno fortunato che aveva vissuto alla corte del faraone, mentre loro avevano faticato duramente come schiavi nel lavoro dei campi. Per conto non era neanche simpatico, balbettava e si arrabbiava con grande facilità. Da un po' di tempo andava in giro anche con uno strano velo sul volto, perché si diceva che fosse così luminoso da abbagliare in seguito al fatto misterioso, si raccontava, che parlasse con Dio. Ogni tanto spariva dall'accampamento e se n'andava per giorni e giorni sul monte Sinai, lasciando gli ebrei ad esercitarsi nel loro sport preferito: brontolare e soprattutto criticare.

Ormai erano stanchi di girare a vuoto per il deserto. Caldo, fame, sete e serpenti erano all'ordine del giorno. Mosè aveva risolto il problema in tanti modi strani. C'era stato quella volta della manna e delle quaglie in così grande abbondanza da stancarli. Poi un'altra volta picchiando la roccia aveva addirittura fatto sgorgare l'acqua fresca. Aveva anche risolto il problema dei serpenti velenosi.

Ma ormai gli ebrei n'avevano, come si suole dire, le tasche piene del deserto! Voi mettere quanto erano più buone e saporite le cipolle d'Egitto? Magari mangiate con la schiacciata di farro? Sicuramente un qualche tipo di bruschetta la conoscevano anche loro. E poi non avevano neanche uno straccio di divinità che li precedesse nell'avanzare per il deserto. Ma a questo provvidero un giorno in cui era assente Mosè. Si costruirono un bel vitello tutto d'oro da adorare, come sicuramente avevano visto fare in Egitto nei suntuosi templi lungo il Nilo e forse anche con un bel sole in mezzo alle corna. Quello che successe quando tornò Mosè è facilmente immaginabile. Era furibondo: fracassò il vitello fino a ridurlo in polvere e poi glielo fece ingoiare con l'acqua. Avevano commesso quello che per lui era il peggior misfatto: il peccato di idolatria, adorare un altro dio.

È a questo punto che Dio si manifesta e, dalla nube che precede gli ebrei fin da quando sono usciti dall'Egitto, passando davanti a Mosè, mette in chiaro per sempre chi Egli veramente sia.

" Allora il Signore scese nella nube, si fermò là presso di lui e proclamò il nome del Signore ... Il Signore, il Signore, Dio misericordioso e pietoso, lento all'ira e ricco di grazia e di fedeltà, ... che perdona la colpa..." (Es. 34, 5-7)

Io sono

Ho aggiunto l'«Io sono» per porre l'accento sulla forza e la grandezza del momento.

Quando Dio usa questo nome fatto dal pronome io e dal verbo essere al presente, intende sicuramente porre l'accento sulla stabilità e la certezza del suo essere: "IO SONO".

Si immagini un personaggio che si presenti qualificandosi con un «Io sono» e basta. Crea un bel timore e rispetto reverenziale. Sta affermando che lui è fermezza indubitabile e presenza piena e che in lui non c'è passato e né futuro: tutto gli è presente.

Il nome Jaweh è normalmente tradotto con "Io sono colui che è". Se si analizza attentamente, è la ripetizione di due pronomi riferiti alla stessa persona e due voci del verbo essere al presente. La ripetizione in forma diversa, una in prima persona e l'altra alla terza è usata per rinforzare e rendere al superlativo, quasi a dire nella nostra lingua: «Io sonissimo, oppure, Io strasono». In altre parole: «Non vi è nessuno più di me, né ora, né mai»: l'Assoluto!

Attenzione non dice un Signore, ma il Signore, l'unico! Deve essere chiaro che non vi è nessuno come Lui. La sua signoria sta al di sopra d'ogni altra. Davanti a Lui ogni potenza ed ogni potestà si inchina. Cielo e terra a Lui stanno sottomessi ed obbediscono.

Il tuo Signore! Se qualcuno avesse dei dubbi verso chi inchinarsi nel gesto dell'adorazione ora tutto diventa chiaro oltre ogni ragionevole dubbio.

Fin qui il discorso è energico, perché ci presenta un Dio potente, che afferma la sua indubitabile supremazia, davanti alla quale ci si sente intimoriti. Ma subito dopo aver affermato il suo ruolo supremo eccolo cambiar registro. Finora ha parlato alla mente, ora si rivolgerà al cuore, proprio come piace a chi è assetato di parole vive.

Alcuni teologi infatti, hanno fatto obiezione a questo modo di tradurre il nome Jaweh, obbiettando che lo scrittore sacro non avesse le conoscenze metafisiche d'un tale dire, cioè "Colui che è!" Per cui preferiscono rifarsi al dato di relazione che c'è fra Dio ed il suo popolo e tradurre il termine in "Dio che si relaziona con il suo popolo".

Misericordia

Questa è la più bella parola che io conosca, ma per apprezzarla bisogna comprenderla intimamente. Bisogna dormirci insieme a lungo! La si trova sempre in stretta connessione con altre tre parole: la pietà, la bontà ed il perdono con le quali divide i diversi aspetti di un unico significato.

La misericordia! È stato un vero tonfo nel cuore scoprirne il significato originale.

L'etimologia della parola italiana riferisce d'un aver cuore per i miseri, i più piccoli. Ed è bellissimo! Ma vi è un significato ancora più profondo ed intimo. Prima di procedere è necessario che ricordi che nella bibbia vi sono ben tre termini per indicare la misericordia: uno che gli studiosi indicano come l'aver misericordia, un altro che descrive la disposizione ad essere misericordiosi ed il terzo che esprime l'atteggiamento di bontà. Un po' complicato, ma vi sarà chiaro procedendo.

Il primo termine, aver misericordia, viene dalla radice semitica *rêhem*, che significa grembo materno, cioè il luogo di provenienza della vita, ma anche il luogo tenero della natura umana. Misericordia è dunque il farsi grembo, l'aver sentimenti materni ed essere teneri di cuore.

Attenzione che questo non indica solo un modo di sentire, ma anche un modo d'essere e di fare, perché farsi grembo materno vuol dire nutrire, accogliere come fa una madre. Puntando l'attenzione sulla parola grembo, il vocabolario suggerisce i sinonimi di ventre materno, utero, seno, interno, centro e mezzo.

Simbolicamente il termine grembo è applicabile a tutto ciò che conserva e genera vita. Allora l'universo è grembo. L'immenso spazio che contiene ogni astro ed ogni palpito d'energia è il grembo che accoglie, che abbraccia tutto e rende ogni relazione la nota singola di un'immensa sinfonia.

Grembo è la terra. L'antica cultura Andina dell'America meridionale chiama la terra col nome di "Pachamama", vale a dire Madre Terra. Infatti, la terra custodisce e nutre ogni essere vivente. È lei che sostenta l'erba ed ogni forma di vita vegetale che è nutrimento di tutti gli altri animali. Ma lei è anche la testimone muta delle nostre fatiche, dei nostri stupori, del nostro nascere, vivere e morire. Noi definiamo molto poeticamente la parte della terra che riteniamo il punto di partenza della vita umana con le parole "culla della vita". Il nido, la tana, la culla, la casa sono altrettanti grembi che custodiscono sulla terra la vita.

Grembo è il mare. Contiene infinite forme di vita diversa a tutte le profondità e, stando a quello che ci dice la scienza, la vita avrebbe avuto inizio nelle sue acque. Infatti, portiamo su di noi due ricordi del mare: le nostre lacrime e il liquido amniotico in cui galleggiavamo beatamente prima di nascere, i quali hanno una composizione simile all'acqua marina!

Grembo è il fiore. Nasconde dentro il calice l'ovario da cui nasceranno i frutti.

Grembo è il frutto. Porta dentro i semi da cui si svilupperanno nuove piante.

Grembo è il seme da cui spunterà un albero, un arbusto o l'erba verde.

Grembo è l'uovo, da cui nascerà un piccolo insetto, un pesciolino o un pulcino.

Grembo è il bozzolo e la crisalide, da cui si libererà una farfalla per librarsi in volo.

Grembo è la madre che mi ha partorito, che mi ha cullato in braccio e mi dato il suo latte con tenero amore.

E grembo è ognuno di noi, quando abbraccia e consola l'altro. Quando accarezza con lo sguardo e ascolta. Quando accoglie, cura e perdona.

E grembo è Dio che ha dato spazio nel suo essere all'universo, agli astri, alla vita e a noi. Ci avvolge misteriosamente con la sua presenza e fa sì che non precipitiamo nel nulla. Quando il Signore dice di essere un Dio di misericordia, cioè un Dio che si fa grembo, ci sta suggerendo la sua maternità. Ci ricorda di essere per noi un Dio Mamma, un Dio Tenerezza.

Stupendo! Ascoltiamo e lasciamoci pure commuovere, perché queste sono corde che il mondo non sa più far vibrare!

La misericordia così intesa include teneramente l'accettazione, l'accoglienza e la compassione. Fra loro vi è un andamento progressivo verso una maggiore profondità.

L'accettazione è l'orizzonte fuori del quale la misericordia non è più tale. Essa indica quel lasciare l'altro entrare nella nostra attenzione senza pregiudizio, senza etichetta, per interagire con lui senza volerlo cambiare, ma lasciandolo essere semplicemente quello che è. È la legge del rispetto della dignità dell'altro. Infatti, l'origine latina del termine ad-capere, cioè prendere, ci indica letteralmente il prendere le cose come vengono. Il termine contrario, rifiutare, chiarisce l'esclusione d'ogni forma d'intervento intesa a modificare l'altro. L'accettazione è la porta aperta attraverso la quale si entra nella misericordia intesa nel significato del farsi grembo.

Superata la soglia si entra nell'accoglienza, nell'aprire la braccia che si fanno grembo. Se l'accettazione rientra nella dimensione della vicinanza, dello star davanti, del vedersi e del sentirsi, l'accoglienza è già un ospitare l'altro nella nostra benevolenza. Il termine contrario scacciare chiarisce la rinuncia ad ogni forma d'allontanamento insita nel concetto d'accoglienza.

L'immagine dell'abbraccio precede il riposo dell'altro nel nostro cuore, cioè l'abbandonarsi nell'intimità di un sentire insieme: la tenera compassione.

L'immagine del grembo materno ci suggerisce una situazione d'unità insuperabile, fatta di un vivere in un'intimità e in una connessione unica: non c'è forma d'unità e comunione superiore. La donna quando è incinta cambia nome, cioè identità: si chiama madre! La compassione indica un sentire l'altro e le sue sofferenze come nostre. Accade nell'animo quello che accade nel grembo.

Misericordia è dunque un farsi madre dell'altro. Un dio di misericordia è un dio che si incinge di noi, un dio che sente come sue le nostre sofferenze. Sempre ci guarda, ci ascolta ed apre le sue braccia per stringerci al seno così forte da sentire nel suo il nostro cuore.

La crudeltà

Il rovescio della medaglia, l'emozione di area della rabbia, è la crudeltà, la quale purtroppo ha recitato a soggetto fin troppo nel secolo passato, e nel presente non promette meglio, nelle forme più ampie dell'orrore e del raccapriccio.

Mentre scrivo il disagio ed il disgusto mi prende le mani e faccio fatica a procedere se penso alle bambine, alle ragazzine massacrate e ai giovani uccisi in Nord Africa, in Siria mentre chiedono futuro e libertà, perciò non riuscirò ad essere speculare nello spazio che riserverò all'argomento, ma lascerò parlare allo sdegno del cuore, più che della mente.

Se la parola grembo fa sempre pensare ad un che di morbido, tenero e caldo, il termine crudo, da cui viene crudeltà, al contrario indica invece sempre qualcosa d'acerbo, aspro, ostile e freddo: qualcosa di assolutamente inospitale ed antimaterno.

La crudeltà non genera, ma uccide.

Non scalda, ma fredda. Non stringe, ma colpisce.

Non consola, ma gode nel far soffrire.

Non possiede compassione, ma disprezzo.

Non cura, ma ferisce.

Non conosce perdono, ma vendetta.

Il suo orizzonte non è la vita, ma la morte.

La crudeltà ha inventato i campi di concentramento per il diverso. Ha costruito i gulag per gli avversari politici. Ha torturato i nemici. Ha seviziato, stuprato e massacrato le donne e le madri d'etnia diversa.

Contro di lei il silenzio dei luoghi di morte,

il silenzio della fame,

il silenzio dei bambini non nati,

il silenzio degli animali avvelenati,

il silenzio delle foreste distrutte,

il silenzio dei cieli oscurati,

il silenzio del rispetto,

il silenzio della benevolenza,

il silenzio dell'amore

ed il silenzio di Dio "non fu mai rumore più assordante"!

Quando lo sdegno ci prende alla gola, alziamo il grido dell'accusa.

Tenteranno in ogni modo di tacitarci, ma ricordiamoci sempre che non si entra nel regno della misericordia gratuitamente e senza rifiutare la complicità con i fautori del regno della crudeltà.

La crudeltà è inesorabile, implacabile e spietata.

L'inesorabilità descrive la sordità e la cecità della crudeltà.

Se ascoltasse le preghiere (*exorare* = vincere con le preghiere) delle sue vittime ed il loro muto implorare cesserebbe d'essere tale, mentre prosegue imperterrita nei suoi progetti distruttivi, nei quali ripone la sua esaltazione, perciò non si arresta e diventa implacabile. Il suo continuo gettarsi nella distruzione arriva all'apice nella spietatezza dove esprime con accanimento la sua luciferina creatività.

Non chiederò da che parte stiamo. Ne domanderò quale relazione privilegiamo fra le due. Comunque un po' di crudeltà, magari mentale, la riserviamo tutti i giorni agli altri! E come altro si potrebbe chiamare l'esercizio quotidiano del pettegolezzo maligno?

Conclusione

Si è detto che dalla relazione non si esce e che non si dà relazione neutra, poiché l'ignorare è esso stesso indice negativo. Una delle coppie di opposti nella relazione sono la misericordia e la crudeltà.

Allora il suggerimento che nasce alla fine di questa riflessione è:

> **"Se desideri esser felice, apriti alla tenerezza**
> **e non dar spazio nel tuo cuore**
> **alla crudeltà".**

Dharma

Dharma è uno stupendo esemplare di ghepardo femmina. Sebbene sia giovane e alla sua prima cucciolata, è una cacciatrice spietata ed inesorabile.

Dalla sommità di un termitaio osserva ogni movimento nella savana circostante e quando mette la testa in linea con il corpo si può star certi che lancerà presto un fulmineo attacco.

Prima avanza al piccolo trotto per arrivare a distanza d'assalto, poi in un attimo è un inarcarsi e distendersi progressivo in direzione della preda fino a sgambettarla, rovesciarla e prenderla alla gola nella stretta mortale.

Con la stessa determinatezza si mette subito a divorarla prima di essere costretta a cederla alle iene, le quali con lei non hanno però molta fortuna, perché Dharma ha imparato a fare i suoi colpi possibilmente quando queste sono a razziare altrove.

Quando non è sul termitaio si ritira in un anfratto roccioso ai piedi di una gobba granitica e scura. Allora si può udire il breve ed acuto miagolio annunciarla ai suoi due piccoli. Come due gattini malfermi sulle zampe si avvicinano alla madre inciampando e anche cadendo. Un rapido strofinio di musi sancisce il riconoscimento. Poi Dharma, quando è sollecitata dalle labbra dei cuccioli contro le sue mammelle, si lascia cadere su di un fianco in balia di quella tenera sensazione che distende i suoi muscoli in un rilassamento incantato. Qualche volta li lecca, qualche volta si lascia andare. Ma quando i due piccoli sazi vanno a strofinare le loro bocche contro quella della madre, allora l'odore del latte la spinge al gioco come quando cucciola si arrampicava sul corpo della madre.

Da qualche giorno è entrato nel suo territorio un numeroso gruppo di gazzelle di Thompson con tante femmine in procinto di partorire.

Dharma dalla sommità del suo termitaio aspetta di farsi qualche tenero pasto senza fatica, memore delle sue prime prede contese al fratello maschio.

Ed il momento atteso non tarda a venire. Là in mezzo ad un piccolo avallamento ha visto appartarsi una gazzella gravida.

Lentamente è scesa dal termitaio, ha abbassato la testa mettendola in linea con la schiena e si è diretta in quella direzione quando ha visto la gazzella allontanarsi speditamente. Sul posto un piccolo cucciolo la guarda senza timore e non fugge. Dharma ha sempre inseguito le prede, le ha gettate a terra prima di ucciderle. Ma questa non scappa. Allora sconcertata lo tocca con la zampa.

Il piccolo sollecitato si alza, va verso il suo fianco, tuffa il musino nel suo ventre e si attacca ad un capezzolo. Subito i muscoli della predatrice si distendono e si abbandonano al rilassamento.

Quando dopo qualche poppata il cucciolo avvicina il muso alla improvvisa nutrice, l'odore del latte fa sollevare la zampa di Dharma per un colpetto giocoso. Il gesto incomprensibile al piccolo di gazzella mette in moto le sue esili zampe e si allontana. Ma Dharma non si muove: è ancora tutta avvolta dalla sensazione carezzevole lasciata sul suo ventre e dall'odore del latte materno che placa ogni istinto predatorio nella sua testa.

Presenza

Io non so,
perché Tu
mi venissi incontro
col bacio della tenerezza.

Io non so,
perché Tu
posassi su di me
lo sguardo della tua dolcezza.

Io non so,
perché Tu
dipingessi sul mio volto
il quieto stupore della bellezza.

Tu
mi riscaldi sempre
nel tuo grembo.

Tu
ti pieghi fino a me
nel continuo dono di te.

E io non so il perché.

Allora mi hai risposto:

«Io sono Presenza».

Capitolo V
LA PIETÀ

Mostrare favore e grazia

Il secondo significato del termine misericordia è normalmente identificato dall'atto del mostrare favore e grazia, meglio identificato col sostantivo "pietà". Infatti, il verbo *hnn* indica proprio il gesto dell'esprimere favore verso qualcuno.

La pietà con la contraria persecuzione compone un'altra coppia emotiva relazionale molto significativa. La pietà indica l'atteggiamento filiaco che va in soccorso rispettosamente, mentre la persecuzione persegue l'umiliazione e la distruzione dell'altro.

La radice da cui proviene la parola pietà è l'antica *hnh* da cui discende in verbo *hnn* e il sostantivo *hen* (grazia favore), indica l'azione del piegarsi o dello sdraiarsi.

Il favore scende sempre da chi sta più in alto verso qualcuno che sta più in basso, cioè che ha bisogno. Da qui la traduzione in italiano con i termini "aver pietà". Inoltre colui che è in stato di inferiorità è scelto con un atto di predilezione personale in mezzo agli altri. C'è qui quello che normalmente si dice "il far preferenza", perché l'amabilità, il favore e la grazia sono concesse con una attenzione e considerazione tutta particolare e mirata, in altre parole in modo appunto preferenziale.

Insomma Dio sta dicendo che fa le preferenze? Sì, solo che Lui le fa a tutti! Il Signore ci conosce così bene da averci sempre davanti, tenendo scritto nella sua mano l'aspetto più caro di ognuno di noi e perciò ci guardi con tenerezza e simpatia!

Ponendo l'attenzione al "piegarsi" e mettendolo in relazione col "farsi grembo", col quale fa coppia, la misericordia descritta dall'atto del piegarsi è tipica dell'atteggiamento paterno il quale s'inchina per prendere in braccio il proprio figlioletto. È proprio del padre aprire le braccia piegandosi verso il suo bambino.

Se dunque il "farsi grembo" indica simbolicamente il generare ed il portare al seno, allora il piegarsi descrive quel tenero aprir le braccia verso il piccolo per alzarlo fino al volto, riconoscerlo e poi caricarlo sulle spalle come solo un padre sa fare.

Quando dunque si legge "un Dio misericordioso e pietoso", si sta semplicemente dicendo che Dio è madre e padre e che per questo è sempre disposto a perdonare.

La misericordia è perciò da ritenersi quel atteggiamento profondo ed originale della capacità umana di farsi genitori, nel senso più ampio del termine, cioè morale e spirituale.

Il piegarsi indica l'esser a favore dell'animo che si distende e si fa benevolenza, abbandonandosi al dono di sé. Il favore gode nel servire e nell'accogliere i pesi degli altri. Favore è la mano aperta, l'occhio attento e la bocca sorridente.

La pietà è ricca di grazia e la grazia è la bellezza del gesto che si posa: leggerezza di un esser presente discreto e dolce, serena compostezza che placa e lieve peso dell'amore.

Pietà è il lasciar che l'altro possa aggrapparsi alle braccia della nostra attenzione, un piegarsi per sollevare: la stima che si porge con lievità, l'ascolto che non si nega al camminare insieme, il dividere insieme il pane della gioia e della sofferenza, il dividere più le tue che le mie fatiche del vivere, lo spargere le ricchezze del cuore nella fatica quotidiana degli altri.

Pietà è dare, perché solo così è sperimentata la paternità che dà le braccia, le spalle, le fatiche, l'appoggio, il proprio tempo, la vita per il figlio.

Pietà è infine l'immagine d'un Dio che si china fino all'uomo ed entra nella sua storia con tutto se stesso fino al rifiuto estremo della morte di croce. In questo modo dimostra il suo atteggiamento di responsabilità senza limiti in una condivisione totale.

Sebbene la pietà indicata dal piegarsi verso il bisognoso indichi una modalità paterna diversa dal farsi grembo, che è invece la forma materna, ha in ogni caso con lei in comune le stesse caratteristiche dell'accoglienza e della compassione, agite però con stile diverso.

L'accettazione è nella pietà piuttosto una particolare attenzione. Infatti, colui che sta più in alto deve, più che accettare, essere attento a chi sta più in basso, il quale ha bisogno del suo chinarsi e della sua attenta considerazione. Solo attraverso l'attenzione, le difficoltà dell'altro possono entrare nella consapevolezza di chi è disposto ad aiutare. Allora le braccia possono abbassarsi per sollevare ed accogliere il peso della sofferenza altrui. Da qui in poi inizia quel sentire l'altro, parte di noi e peso del nostro peso, che chiamiamo compassione. Prendere i fardelli degli altri con compassione è "farsi padre".

A questo punto si può concludere affermando che la misericordia è simbolicamente un farsi madre e padre degli altri nel senso più alto del significato.

Persecuzione.

Sebbene sia un po' difficoltoso identificare il concetto contrario di pietà paterna, credo in ogni modo non sia difficile condividere che il termine persecuzione contenga sia l'atteggiamento impietoso e sia la volontà antipaterna distruttiva e degradante insita nell'azione del perseguitare. Là dove un padre nutre e alleva, la persecuzione distrugge, umilia ed annienta.

La persecuzione nutre l'inimicizia proiettando nell'altro l'immagine del nemico da combattere e non gli permette di essere percepito pacificamente, perché vede ovunque lo sfavore da cui preservarsi e difendersi. Di più, il bisogno dell'altro è disgrazia, fastidio, perciò va allontanato. La diversità va eliminata, perché sentita come minaccia.

La persecuzione include l'impietosità, l'incapacità di condividere la sofferenza e di considerare i limiti degli altri, perciò ne medita l'annientamento.

È violenta sia nel pensiero che nell'azione. Tutto cade sotto il suo giudizio inappellabile e duro. Il disprezzo è il suo stile. Fondamentalmente si esercita nel continuo prendere e togliere che nulla concede alla dignità dell'altro, perché l'altro o serve o va combattuto.

Le caratteristiche fondamentali della persecuzione sono la pretestuosità, l'ostilità e la distruttività.

Se si riflette appena un attimo sulle grandi persecuzioni ci si accorge subito che i motivi adotti non giustificavano minimamente l'azione tremenda che ne è seguita. Come si può sopportare l'uccisione e lo sterminio per motivi di diversità religiosa, quando poi in realtà si mira alle loro terre, come è successo in America con gli indiani e gli incas, o alle loro ricchezze, come è successo con gli ebrei?

E di questi esempi la storia è piena e continua a fabbricarli! Anche noi siamo stati spettatori di quanto è successo in Yugoslavia solo pochi anni fa! Dietro ogni persecuzione si nascondono in realtà motivi ben più biechi ed inconfessati e in ogni caso frutto di pretesto.

La natura ostile della persecuzione evidenzia una relazione d'inimicizia, dove l'altro è ostinatamente vissuto come nemico. Perciò è conseguentemente distruttiva, mira all'eliminazione dell'altro. Ciò non sarà sempre necessariamente in senso fisico.

Oggi la persecuzione è giocata con le armi della denigrazione, della ridicolizzazione, dell'insinuazione subdola, della svalutazione e in mille altri modi miranti a squalificare l'avversario, recentemente battezzata come la "macchina del fango".

Chi è in balia di quest'atteggiamento percepisce gli altri sempre come nemici o al massimo come avversari su cui perennemente esercitare un'opposizione cattiva. E le eventuali tregue o alleanze sono in ogni modo in funzione di un proprio vantaggio.

Quello che ho proposto è il bivio fra la pietà e la persecuzione, fra il promuovere la vita o il distruggerla. Da qualche parte leggendo sicuramente ci si ritrova. Saperlo è la condizione minima per esercitate la libertà.

Allora
"Se desideri esser felice, prova a coltivare nel tuo cuore la

pietà e non avventurarti nella persecuzione contro
nessuno".

Milano da bere!

Come ogni milanese[1] che si guardi intorno con occhio disincantato, credo di saper come vanno le cose nella nostra città. Non m'interessa più da tempo la sgangherata e televisiva politica in mutande e neppure quel razzolare per poltrone così poco elegante.

Milano è un'altra cosa. Può essere la sua storia o il lavoro che scarseggia. Sono i volti sempre nuovi e diversi e le lingue che si moltiplicano; la ricchezza solida e l'abbandono umiliante con il peregrinare per stazioni e dormitori. Ed è da quelle parti che si aggira uno strano personaggio.

Lo troverai sempre con la sdrucita veste nera che incornicia una gran croce rossa sul petto. Non è neanche prete. Per tutti è Fratel Ettore.

Lo puoi incontrare di tanto in tanto di domenica pomeriggio al duomo, oppure di sera dalle parti di San Carlo al Corso. Immancabilmente si piazzerà all'uscita della chiesa per dispensare le sue immagini o i suoi brevi comunicati. Se ti riconoscerà, ti chiederà sicuramente di aiutarlo.

Gira con una vecchia macchina tappezzata d'immagini della madonna e del Cristo. La spia della benzina segnala costantemente la riserva, che lui tacita con le ultime diecimila che gli rimangono. Se ti accadrà di girare con lui, ti accorgerai che conosce ogni vicolo della città dove si nasconda qualche barbone. Ha un particolare fiuto, sembra che vada a colpo sicuro. Il dialogo che instaura immediatamente con loro è diretto e franco.

«Vieni con me.»

«No prete. Tu mi togli la libertà.»

«Dai vieni a dormire al caldo.»

«No, No.»

«Vuoi che ti porti qualcosa? Hai freddo?»

«Lasciami stare prete. Te l'ho detto anche l'altra sera.»

---

[1] Il racconto risale a più di quattordici anni fa quando risiedevo ancora a Milano.

«Senti ti aiuto a caricare tutte le tue robe e ti porto con me.»

Il più delle volte la vecchia macchina si avvia verso Via Sammartini col suo nuovo carico di sofferenza. Là, sotto un cavalcavia delle ferrovie trasformato in dormitorio, cappella e sala da pranzo, ci saranno mani che lavano, mani che curano, mani che vestono, un pasto ed un letto caldo.

Si racconta di un barbone a cui i calzoni sono stati tolti a piccoli brandelli per volta, perché diventati tutt'uno con la sua pelle impiagata. E si dice anche che il problema più grosso sia stato l'odore, ma che Fratel Ettore abbia portato a termine l'opera pietosa senza esitazione.

Se gli chiedi se abbia bisogno di qualcosa, allora ti guarda con quei suoi occhi chiari e decisi e ti risponde: «Non ho bisogno di soldi e roba. Quelli arrivano da soli! Ho bisogno di persone che mi aiutino, facciano, dirigano per me. Cerco gente di cuore. Vuoi venire con me?»

«Ma Fratel Ettore sai che faccio scuola!»

«Ma maestri ne fanno ancora. Io ho bisogno di gente generosa che sappia fare. Pianta tutto e vieni con me.»

E intanto che parli con lui passa qualcuno che gli infila una busta in tasca, un altro che gli poggia qualcosa in mano.

«Hai visto? Non ho bisogno di soldi. Io cerco persone!» e intanto ti fissa attirando la tua attenzione su quel volto aperto da contadino della bassa lombarda, di quelle terre ricche di fatica e prodotti che stanno al confine con il Veneto.

Allora ti viene in mente la tenacia e la generosità di quella gente.

E mentre il dialogo continua ti ritrovi ad andare verso Seveso o verso il Pini dove ha messo in piedi altri luoghi del discreto avverarsi della pietà. Immancabilmente ti porterà in cappella per una breve preghiera. Dopo lo seguirai tra i suoi malati di aids ed altre malattie tremende e ti domanderai dove quest'uomo sofferente e non più giovane trovi l'energia per tener in piedi tutta l'organizzazione, fidandosi unicamente della bontà degli altri e di chi lo aiuta intorno. Ma quando lo vedrai salutare e toccare i suoi ammalati, allora capirai in un istante tutto.

Nb. Fratel Ettore se n'è andato da un po', ma vive nelle opere che ha lasciato e nel cuore di chi lo ha conosciuto.

Salmo 2000

Se abbiamo trovato grazia
agli occhi tuoi,
china il tuo orecchio
fino a noi.

Se dal tuo favore non ci hai distolto,
stendi le tue braccia
su di noi.

Copri il volto dei piccoli
sul tuo petto
contro gli orrori del mondo.

Falli riposare
sul tuo cuore
contro i predatori di fatica.

Riscalda con tenerezza
i loro corpi
contro i ladri d'innocenza.

Carica sulle tue spalle
i loro passi stanchi
nella fuga dai violenti.

Signore,
se ancora puoi piegarti
fino a noi,
prendi per mano
ogni piccolo del mondo.

Capitolo VI

LA BONTÀ

La bontà

E siamo giunti alla regina di tutte le parole: la bontà.

Assieme alla contraria cattiveria compone un'altra delle coppie forti della relazione.

In ebraico *hoesoed* indica un profondo atteggiamento di bontà.

Quando s'instaura fra due persone, l'hoesoed descrive la benevolenza reciproca e la fedele continuità che si deve avere in questo rapporto.

Infatti, non si può essere buoni a rate, altrimenti si chiamerebbe molto prosaicamente "bontà pelosa"! E invece sappiamo molto bene che quando usiamo il termine nel senso d'amore, lo intendiamo inequivocabilmente fedele. Perché l'affermare che si vuol bene ad una persona comprende anche il non tradirla.

La bontà è dunque fedele e si manifesta essenzialmente nel dare, infatti quando qualcuno ci fa del bene o ci dona qualcosa, noi esclamiamo: «Come sei buono con me!» Quello che più è toccante non è il regalo in sé, ma l'attenzione che il dono manifesta.

La bontà è dunque soprattutto dono di sé. Ma vi è un aspetto ancora più profondo. La bontà è talora capace di andare oltre il tradimento, riesce a superare l'offesa, è più forte d'ogni ferita, perché la bontà è grazia. Tutta la sua forza risiede nel donarsi: la bontà è felice bellezza.

Mi sono domandato spesso quale potesse essere il significato nascosto nel situare la bontà dopo il "farsi grembo" e dopo il "chinarsi".

La risposta che mi sono dato è che, un Dio che dice di essere con noi madre e padre fedele nella sua bontà, è un **Dio responsabile** del suo amore per noi. Ecco perché ci perdona. Le porte della sua bontà sono sempre aperte, perché il bene non si smentisce mai, è fedele al suo amore, è là in trepidante attesa sempre pronto a ricevere nel suo seno e a caricare sulle sue spalle chiunque sia ferito. Allora non abbiamo paura! Non c'è errore che possa superare una tale bontà che con tenera e paziente compassione è sempre aperta al perdono.

La bontà è gradevole, si lascia consumare nella fragranza del suo farsi cibo, perché nutre. Infatti, ciò che nutre è buono, piace. Si dice che "la mamma è buona", come si ama definire "buona" la cuoca, e non brava, perché sa preparare dei buoni e gustosi piatti! Si dice anche di una cosa buona che è "al bacio", non si dimentichi che il bene si esprime anche coi baci!

La bontà è tenera ed è disposta a commuoversi, a lasciarsi intenerire: non è dura. La sua forza è nella sua maggiore debolezza: la sua incapacità a difendersi. Nell'altro vede il bisognoso e sente la domanda d'amore anche quando sale dal silenzio della disperazione.

La bontà è mite, non si adira, ma indulge alla pacata bonarietà che mitiga ogni contrasto, perché non conosce inimicizia, né la mano che si alza, perché sta già accarezzando. Possiede l'inconfondibile stile della dolcezza.

Non ama apparire, né mettersi al primo posto, perché il suo compito è mettere con discrezione gli altri a loro agio. Che siano molestie o avversità, tutto sopporta in serenità. Non si contraria, ma con calma prende le fatiche delle contrarietà.

È pure ipostasi, cioè sostanza, nome, icona di Dio. Dio infatti, è bontà e la Bontà è Dio. È come dire che, quando s'incontra la bontà, si sta incontrando in qualche modo Dio: la bontà è immagine di Dio.

Le caratteristiche principali della bontà sono la benevolenza, la gratuità e la sorpresa.

La bontà non può che essere benevola, cioè volere il bene. E tutto quello che fa non è che il bene, soltanto il bene.

Noi tutti diciamo per esprimere il nostro affetto: «Ti voglio bene!» oppure «Noi ci vogliamo bene!» Benevolo è quel comportamento che, fuori da ogni calcolo, mira al bene dell'altro.

La gratuità esclude ogni interesse o vantaggio del dare. Che bene, infatti, sarebbe quello che preveda una contropartita? Se fosse così si potrebbe già stabilire un tariffario.

Ma allora quanto costa l'amore? Quanto il bene d'una madre o di un padre? Nel bene, come nell'amore, qualunque calcolo è semplicemente osceno. La bontà quando si esprime è già premio a se stessa. La bontà per sua natura è gratuita.

Ogni regalo che si rispetti deve essere una sorpresa, altrimenti perde gran parte della sua carica significativa. Un regalo previsto assomiglia più ad un obbligo che ad un gesto simpaticamente gratuito. Perciò la terza caratteristica della bontà è di manifestarsi in modo inaspettato. Con un'altra parola altrettanto significativa si direbbe che deve essere spontanea, non sollecitata, ma imprevista.

Normalmente si richiede ad un avvocato d'essere scaltro, ad un medico d'esser bravo, ad un corridore d'esser veloce, ad un dentista d'essere abile, ad un ragioniere d'esser preciso e ad ogni attività possiamo affiancare un aggettivo appropriato. Se però qualcuno di questi oltre che essere efficiente nella sua attività fosse anche, guarda caso, buono, la cosa ci sorprenderebbe piacevolmente appunto perché questa virtù non è né contrattuale e ne prevista. La bontà, infatti, deve essere inaspettata e spontanea.

La cattiveria

Alla bontà si oppone la cattiveria con tutte le pesantezze e nefandezze di cui è da sempre portatrice instancabile. Veramente il linguaggio biblico vede opposta alla bontà la crudeltà come pure per la misericordia. Per non fare un doppione allora ho fatto ricorso a *tob*, buono cui è opposto *ra'*, cattivo, e *mera'*, male. La radice *r'* rimanda a tutto ciò che è malvagio e cattivo: la cattiveria.

Si deve sapere che la lingua della bibbia non è così ampia come le nostre moderne, per cui ci vogliono pesanti vocabolari per contenerle. Si tratta di una lingua i cui vocaboli condensano vari significati. Fin dall'inizio spiegando il termine tob abbiamo elencato numerosi significati.

Inoltre la stessa parola ha tutt'altro senso. Per noi la parola ha il significato che abbiamo ereditato dai greci. In greco, parola e idea hanno un unico termine: logos, mentre in ebraico la parola s'identifica con cosa, *dabar*. Per i greci il logos è strumento di conoscenza giacché indica qualcosa, mentre per gli ebrei essendo una cosa porta all'azione. Noi diciamo "conoscere la verità", loro invece "fare la verità" (Gv 3, 21); noi "la misericordia è tenerezza", loro invece "farsi grembo". Anche per cattiveria il problema di traduzione nella nostra mentalità si ripete.

Il termine *ra'* prevede sia il male ricevuto, cioè le sventure e le disgrazie, sia la malignità, cioè il comportamento cattivo. Contiene il concetto di cattivo in senso di difettoso e anche cattivo in riferimento alla malvagità e perversità. Vi è poi un contesto in cui il significato collettivo dato all'associazione di tanti malvagi, la delinquenza, assume il senso di strumento delle potenze del caos minaccioso ed incombente. Per l'antico ebreo, la nostra mafia sarebbe una potenza al servizio del male peggiore: il caos.

Per comprendere meglio il significato di cattiveria giova che dire che *ra'* va equiparato a morte in parallelo con *tob* che è equiparato a vita. Perciò la cattiveria è mortifera. Mira sempre a sottrarre all'altro, porzioni di vita. Può essere la crudeltà che attraverso il dolore umilia ed impoverisce il vivere, la calunnia che disonora o la persecuzione che impaurisce: il suo manifestarsi comporta sempre un annientare qualcosa.

La cattiveria è perversa. Gode segretamente nel fare il male, nel quale si esercita in continuazione in tutte le direzioni con sottili raffinatezze oppure grossolane nefandezze. Dove si posa tutto corrompe col suo istinto depravante. L'antigenesi è il suo scopo inconfessato e degenere.

La cattiveria è sgradevole. La sua presenza mette a disagio e sparge amarezza. Turba la piacevolezza e prepara allo scontro. Non conosce mitezza, che anzi reputa debolezza. Non è gentile: la grazia le è sconosciuta. È impaziente. Medita la vendetta, che vuole presto attuata. Non conosce la calma, che anzi reputa incapacità. Non è serena: la pace le è odiosa, perché al contrario essa si nutre nel contrasto maligno. È figura di tristezza, poiché cerca nel male dell'altro la propria ragione, porta dentro di sé il peso dell'inconsistenza: coscienza d'inutilità e d'identità triste.

La cattiveria è essenzialmente descritta dalla malignità, dalla perfidia e dall'empietà. In contrapposizione alla bontà il suo orizzonte espelle qualunque benevolenza, perciò è maligna, cioè motivata a cercare e a compiere il male. Il suo pensiero è volto a snidare il difetto, il suo occhio l'ombra e la sua lingua è esperta denigratrice. Quand'anche non trovasse alcunché di negativo, la sua natura vedrebbe il male anche dove non c'è. Non conoscendo fedeltà ed essendo le sue vere intenzioni sempre nascoste e volte all'inganno, la cattiveria è per sua natura infida, cioè perfida.

La cattiveria è sorda ad ogni richiamo della pietà, essendo dedita al disprezzo. Tendenzialmente nega o rifiuta nella sua azione qualunque fonte di bontà. La contrapposizione rabbiosa può farsi bestemmia e odioso rifiuto d'ogni benevolenza, perciò è empia.

L'orizzonte, all'interno del quale si muove, è perciò maligno, perfido ed empio.

Il contenuto di questa riflessione è teso fra gli opposti della bontà e della cattiveria, perciò il suggerimento finale è:

"Se desideri essere felice, cerca di evitare la cattiveria, e lasciati guidare dalla bontà."

A congresso

Un giorno di "Illo tempore", molti anni fa, nel lontano duemila Tempo convocò all'inizio dell'anno politico tutti gli elementi a congresso.

Assiso magnificamente sullo scranno più alto tenne la prolusione in pompa magna, interrotto continuamente dagli applausi in verità un po' servili degli ascoltatori. Era corsa voce che volesse cedere il comando e tutti volevano il suo appoggio, perché il suo era un voto pesante. In buona sostanza le cronache di allora riferivano che si dicesse stanco di tirare avanti tutte le cose da solo. Perciò voleva cedere il comando e tenere per sé la presidenza, onde intervenire qualora qualche malintenzionato approfittando dell'eventuale deriva plebiscitaria non instaurasse una qualche dittatura televisiva ed informatica.

Dopo la lunga ovazione finale incominciarono subito le discussioni, la presentazione delle candidature e le dichiarazioni di voto.

Intanto nei corridoi i grandi elettori e i rappresentanti delle varie lobbies iniziavano le danze politiche. Si votò a lungo inutilmente per una candidatura unitaria. I giochi non erano ancora fatti! Fu così che per estenuazione dopo non si sa quante votazioni fu nominato premier Ghiaccio per la lucida freddezza con cui affrontava ogni problema.

Egli si affrettò a nominare subito viceprimoministro suo fratello gemello Freddo. Le trattative per creare la compagine di governo andarono però per le lunghe. Sembra che agli interni sia andata Neve, mentre alla giustizia Nebbia. La difesa toccò a Bufera e gli esteri a Tramontana. La cultura fu assegnata a Natale e la sanità e la previdenza sociale ad Epifania. Ghiaccio riservò le telecomunicazioni ad un altro suo fratello Gelo.

I dicasteri minori non merita stare ad elencarli. Furono comunque divisi percentualmente fra le correnti fredde di minoranza. Prima di ritornare alle votazioni di fiducia qualcuno fece il suo bravo sondaggio e rilevò che il margine di maggioranza era esiguo. Allora si scatenò la caccia al voto. Fu così che si venne a sapere che Terra non era venuta a congresso. Ci fu chi interessò il presidente dell'accaduto per correttezza politica, si disse. In verità Terra deteneva un buon pacchetto di voti.

Allora il presidente mandò un fax d'invito a cui Terra rispose con un gentile e deferente diniego a causa dei suoi numerosi impegni.

Lei assente, chi avrebbe protetto nelle sue viscere il letargo delle orse che presto avrebbero partorito? C'erano poi da custodire i sogni degli scoiattoli, il ronfare profondo dei tassi, i pisolini dei ghiri, le faccende sotterranee dei topini, delle talpe, delle lepri. Chi avrebbe poi tenuto sotto controllo Gravità che non schiacciasse le lucertole in letargo sotto i sassi. Bisognava poi coprire tutti i semi dell'erba, delle piante e del frumento, perché non diventassero prigionieri di Ghiaccio. Più avanti poi ci sarebbe stato da nutrire i bucaneve e poi le primule e le violette. No, lei non poteva proprio andare! Il governo fu comunque in qualche modo varato con qualche sospetta e improvvisa assenza fra le file dell'opposizione al momento del voto.

In capo a tre mesi scoppiò uno scandalo inaudito. Si scoprì che il ministro Neve aveva nominato suo capogabinetto nientemeno che propria figlia Valanga, la quale s'era portata via migliaia di tonnellate di legno pregiato dal valore inestimabile, distruggendo intere foreste alpine e facendo sparire gli abitanti del luogo ad opera di delinquenti in permesso vigilato o agli arresti domiciliari.

Tempo nominò immediatamente un governo provvisorio con a capo Tepore, il quale si circondò di ministri del tutto nuovi, come Pioggia, Zefiro, Fiore, Foglia. L'unico che destava qualche preoccupazione era il ministro della difesa Temporale, ma Tempo firmò comunque il decreto di nomina in attesa di un governo regolarmente eletto che provvedesse anche al processo per lo scandalo del legno.

Veramente in un primo momento Tempo aveva offerto il primierato a Terra, ma questa aveva subito rinunciato, perché, dopo quanto era accaduto, sarebbe stato per lei quantomeno imprudente presentarsi con alcuni elementi di dubbia fama che aveva tra le file del suo partito: certo Vulcano dal carattere imprevedibile e quel suo figlio degenere e malvivente che era sempre stato il suo dolore maggiore: Terremoto. Ebbe comunque il suo gran daffare. Prima dovette occuparsi delle fragoline. Poi nacquero i topini, gli scoiattolini, i leprotti, le lucertoline e tantissimi altri piccoli tutti affidati alle cure delle sue tane e delle sue zolle. Ebbe da fornire linfa in gran quantità a tutti gli alberi per i fiori e le foglie. Gli toccò nutrire le ciliegine e fra le sue simpatiche rughe si misero a crescere le patate, le carote, le cipolle e tutte le loro compagne d'orto.

Finalmente dopo tre mesi di campagna elettorale si ebbe il nuovo premier Caldo, il quale vinse le elezioni, perché promise di eliminare dalla vita politica tutti i corrotti della prima repubblica, i quali avevano avuto anche il torto di avergli negato una poltrona fin dall'inizio.

Caldo nominò suo vice Sudore, sebbene non fosse molto popolare. Ai beni culturali mandò la sua più grande elettrice Vacanza. Riservò le finanze a Zanzara, mentre agli interni mise Tuono, alla difesa Fulmine e agli esteri Tornado. Inutile dire che il governo passò a larga maggioranza, il che consentì a Caldo: di mandare all'opposizione il partito di Ghiaccio, allungare la giornata, aumentare la produttività, diminuire il fabbisogno energetico e migliorare la qualità della vita con nuovi cibi freschi, possibilità di nuove esperienze culturali, viaggi e tanta vita all'aperto.

Terra intanto non aveva un attimo di riposo. C'erano i cocomeri e i meloni da maturare, dopo la faticaccia fatta col frumento. La richiesta di linfa pregiata era aumentata con la maturazione dei frutti. L'erba tagliata chiedeva un di più del previsto per ricrescere e per accontentare tutti gli animali. Intanto altre tane avevano ospitato i nuovi arrivati e Terra doveva badare a tutti.

La scena politica, intanto, si era adagiata sugli allori del successo dei primi cento giorni. Qualche politico della prima repubblica si era riciclato fra le file dei vincitori e stava raffreddando il partito di governo. Fu così che cominciarono le prime piogge torrenziali con vari allagamenti, che suscitarono molto scalpore politico sulle responsabilità per certe speculazioni edilizie fatte in siti sospettosamente troppo vicini ai fiumi, che stanchi d'essere assediati avevano reagito fomentati da Tuono e Fulmine i quali miravano segretamente a scalzare Caldo.

Terra aveva subito capito che si stava preparando il ribaltone e se ne stette alla larga a nutrire l'uva, il granoturco, le mele, le castagne e le olive, prima che quelli del partito di Freddo riprendessero il governo. Se ne stava così occupata lontana dalla politica, quando un giorno circolò una stupenda notizia a lei accuratamente celata. Fu convocata dal presidente Tempo a comparire immancabilmente ad una seduta straordinaria di tutti gli elementi. Quando arrivò non sapeva come spiegarsi perché tutti la salutassero con molto rispetto ed ossequio. Entrata nella grande sala addobbata per le occasioni solenni, il presidente le venne incontro, la invitò a sedere alla sua destra e ordinò al cancelliere capo di leggere una pergamena che teneva con molta importanza fra le mani. Allora fu subito un gran silenzio immobile d'occhi posati su di lei.

Il cancelliere la proclamò solennemente vincitrice del premio Nobel straordinario per la pace.

Terra non capì le motivazioni, perché le lacrime ed il pianto di commozione coprirono la sua residua capacità d'attenzione.

La stampa di allora riportò: "per la spontanea e gratuita bontà con cui ha aiutato tutti in un particolare e difficile momento storico del paese".

Sorriso

Non so se dormivo
o se mi fossi perso nei meandri beati della mia fantasia:
oggi ho visitato uno strano mondo.

Appena sveglio il sole mi ha sorriso dalla finestra.
Come abbia fatto lo sa solo lui,
perché ho le finestre a nord.
Forse ha usato per specchio un vetro di fronte!

La caffettiera se la rideva
borbottando vecchie barzellette
e mi avvolgeva di profumo mattutino.

Per strada un bel cagnolone ha piegato lievemente la
testa da un lato
e uggiolando mi ha salutato,
mentre giocava a squash con la coda.

A Porta Romana le macchine se la chiacchieravano
deliziosamente,
mentre il semaforo prendeva il caffè al bar.

La vecchia porta, ridendo in mia compagnia,
raccontava che i padani volevano cambiarle nome.

Ho anche pensato d'essere affascinante,
perché tutte le ragazze, le donne e le nonne mi
sorridevano!

A pranzo i cibi fecero gara di seduzione
con profumi e sapori d'alta qualità.

Nel pomeriggio le nuvolette improvvisarono per me
una danza in cielo

e il vento mi suonò una sinfonia fra gli alberi dei viali.

Anche al computer, al quale ho raccontato questa strana
avventura,
gli ballava il monitor per l'allegria.

Chissà in che mondo sono stato oggi?

Domani proverò a ritornarci,
perché ci stavo troppo bene!

Capitolo VII

IL PERDONO

Premessa

Nei capitoli precedenti abbiamo passato in rassegna alcune coppie emotive che descrivono la relazione nei due poli opposti della filia e della rabbia ostile. Stupore e sospetto, nostalgia dell'assoluto e materialismo, misericordia e crudeltà, pietà e persecuzione, bontà e cattiveria sono solo alcune delle alternative della relazione. Nel parlare comune possono essere condensate nei due opposti amore/odio, da cui discendono la felicità o il tormento del senso di colpa.

L'amore indica il livello più alto della relazione filiaca, l'unico a regalare la felicità, mentre l'odio rende la relazione distruttiva e piena del malessere della colpa.

Tra amore ed odio non vi è un muro invalicabile, ma una doppia via di andata e ritorno. La rabbia, l'ostilità, il rancore ed il risentimento, se coltivati, sono in grado di trasformare qualunque tenerezza ed amore in odio. Viceversa nessun odio è mai definitivo se tiene aperta la porta al perdono, il quale è il prototipo di ogni guarigione interiore.

Il perdono

Il termine sta a significare letteralmente un super dono: *per* = super e dono.

In coerenza al metodo fin qui adottato, il perdono è figlio della misericordia nel senso dei significati che abbiamo svolto nei precedenti paragrafi.

Dio nella sua bontà gratuita e spontanea si fa grembo e si piega fino a noi per perdonarci.

Il binomio misericordia e disponibilità al perdono costituiscono il cuore della rivelazione dell'Antico

Testamento. Qualora si togliesse quest'aspetto, la bibbia diventerebbe un libro sconnesso e senza senso, un insieme di racconti privi di rapporti fra loro. Secondo quanto vado raccontando, Dio non avrebbe nulla a che fare con l'uomo dopo l'uscita dal giardino di Eden, se non s'inventasse e tirasse fuori dal suo amore questa trovata della misericordia e del perdono per rientrare in gioco nella storia dell'uomo.

Il termine viene dall'ebraico *slh,* perdonare e rimettere, mentre in accadico sta per aspergere. Il termine aramaico sibilante *zlh* significa annaffiare, bagnare, aspergere. Vi è poi tutta una serie di parole provenienti da altri termini che stanno a significare: coprire o espiare il peccato, togliere l'offesa, lasciar passare, ripulire, lavare, purificare, non ricordare più, gettare i peccati dietro le spalle o nel profondo mare ed infine, quello che preferisco, guarire.

Non riporto i termini ebraici per non sovraccaricare il testo di nuovi suoni incomprensibili.

Ad una prima analisi tutti questi significati possono essere condensati in tre momenti: il **togliere** o il **lavare**, il **guarire** ed il **dimenticare.** Che poi potremmo chiamare anche le caratteristiche del perdono, ma in questo caso è più razionale seguire il criterio temporale.

Si sa che le offese, il peccato, le cattiverie, le crudeltà e le persecuzioni feriscono gli altri, deteriorano ed incattiviscono la persona che le compie ed offuscano il volto della Bontà da cui discende ogni bene. Togliere e lavare vuol dire riconoscere ed essere consapevoli della negatività del male compiuto e rifiutarlo.

Guarire è il determinare una svolta, un cambiamento, una conversione che porti alla liberazione, al risanamento dall'atteggiamento negativo messo in opera dalla malignità.

Dimenticare[2] è ripristinare e reintegrare la relazione secondo un rapportarsi nuovo e fluido, libero da ogni rancore o risentimento per poter ritornare all'amore, che riapre le porte all'intimità e all'unione.

E qui vengono le vertigini, soprattutto a chi non pratica da tempo il perdono e magari lo confonde con altri consimili atteggiamenti, perché ha già dimenticato che discende dalla misericordia. Il che vuol dire che non si può perdonare se si è privi di bontà, compassione e pietà.

Senza questi prerequisiti il perdono è un'altra cosa, ambigua e di dubbia autenticità. Il perdono sta alla misericordia come il vino sta all'uva e il pane al frumento. Ma non ci si preoccupi, perché il campo verrà di seguito sgomberato da ogni ambiguità. Intanto non si dimentichi che il perdono ha per madre la tenerezza del grembo e per padre la compassione dell'abbraccio.

Ciò che il perdono non è

Il perdono non è tolleranza. Tra colui che tollera ed il tollerato vi è il rapportarsi tra colui chi si pone più in alto e colui che è relegato in basso. Il tollerare è, agli occhi di chi lo compie, un'azione che lo eleva ad un livello alto dell'agire. Vista invece dalla condizione del tollerato è una sottile violenza che lo condanna a rimanere in basso. Sarà bello e civile tollerare, ma è umiliante sentirsi tollerati.

La tolleranza, vista così, nasconde un'arroganza intollerabile e non ha nulla da spartire con la misericordia che si piega ed eleva il perdonato allo stesso piano di colui che perdona.

---

[2] NB, non confondere dimenticare con rimuovere, perché quest'ultimo è la soluzione peggiore, giacché ciò che non è espresso, rimane impresso e nel silenzio dell'inconscio prepara i suoi veleni.

Il perdono non è assoluzione, la quale nasce da un giudizio che libera dall'imputazione. Si dichiara la non colpevolezza. Il giudicare è funzione precipua della giustizia, non della misericordia, la quale non conosce ed è al di fuori ogni giudizio. Il perdono è rivolto alla persona, non alle azioni.

Il perdono non è condono, remissione ed indulgenza. Il rimettere una pena, un debito sottintende un precedente giudizio di colpevolezza e perciò non è perdono.

Il perdono non è amnistia o perdonanza. L'estinzione dell'azione penale ci riporta sempre dentro l'orizzonte della giustizia, che è altra cosa, sebbene ugualmente alta, dalla misericordia.
Attenzione a non fare confusione fra i due ambiti!

Il perdono non è condivisione, poiché condividere la colpa sta a dire che siamo tutti colpevoli. Si tratta di un sistema sottile per confondere le acque. Da qui al dire: «Tutti colpevoli, nessun colpevole» la strada è breve! Oppure si può anche decidere che essendo tutti colpevoli, siamo capaci solamente di male! Tutto questo non ha nulla in comune con il perdono.

Il perdono non è martirio. Sgombrato il campo dal significato alto della parola, che significa il dare se stesso fino all'accettazione della morte per chi si ama, rivolgiamo l'attenzione a quello che normalmente definiamo il "fare la vittima". Mi riferisco a quel tipo di perdono dalla faccia triste, piena di dolore e gran sofferenza che sbatte in faccia all'altro silenziosamente il "guarda quanto male mi fai"! Questo martirio non è certamente il perdono, perché prefigura lo scenario di una vittima sovrastata dal carnefice!

Il perdono non è contratto. Il "ti perdono se" implica la definizione di un obbligo per un debito non estinto. Va da sé che se c'è un debito da estinguere c'è anche un addebito precedentemente definito. Siamo ancora una volta nell'ambito della giustizia! Anticamente i debiti non risolti si pagavano anche con anni di schiavitù! Non pensiamo che tale pratica sia scomparsa: oggi si chiama usura!

Ma allora che cos'è il perdono?

Rimanendo nell'ambito di quello che fin qui si è riflettuto, è presto detto.

Dio per gioia aveva creato l'uomo e ne era innamorato e stupito. L'uomo, vinto dal sospetto, si era allontanato e dimenticato di lui. Allora Dio, spinto dalla sua bontà, va a cercarlo dicendosi sempre pronto ad accoglierlo e a stringerlo sul suo cuore, purché l'uomo lo voglia!

Basta che l'uomo lo voglia! Voler ritornare da lui significa trasformare una relazione di allontanamento in una relazione di incontro: dare ascolto alla nostalgia che suggerisce di uscire dal paese del sospetto, della paura e della violenza, per entrare nella città dello stupore, della bellezza e dell'amore. Il perdono riguarda la relazione con l'oggetto della propria attenzione e non con le sue azioni. È dirgli semplicemente: «Io continuo ad amarti, a volerti bene. Quello che hai fatto non voglio giudicarlo. M'importa solo sperimentare amore con te. Non voglio essere schiavo del rancore provocato dalle tue azioni. Se anche tu sperimenterai amore con me allora quelle azioni sicuramente cesseranno.»

Attenzione alle parole! Quando si perdona, si dice: «Io **ti** perdono x, y, z ...» La costante rimane sempre "ti perdono", mentre variano x, y, z. X, y, z sono le offese, i danni arrecati, i peccati, che come tali rimangono definitivamente accaduti. E, poiché il tempo è irreversibile, non è più possibile ritornare indietro per non commetterlo. Né il perdono può trasformare il male in bene.

Il male o è tale o altrimenti ci si sta prendendo in giro, se si pensa che vi si possa fare l'andata e il ritorno! Non c'è detersivo che tenga e neanche candeggina che possa sbiancare questo tipo di sporco.

Non c'è perdono o qualunque altra operazione che possa togliere dall'abisso della sua mostruosità l'eccidio dei campi di concentramento, dei gulag e delle pulizie etniche, tanto per fare degli esempi inequivocabili! Giustizia vuole che ciò che è male rimanga fermo nella sua stabile definizione negativa. Non si può cambiar regola durante il gioco! Il perdono non modifica la giustizia e né la vuole contrastare. Si muove su un altro terreno, quello della misericordia, che gli consente di non giudicare, ma di cercare le vie dell'incontro con la persona per la sua guarigione.

Il peccato

Peccato, errore, torto, offesa, sono tutti responsabili dell'incrinatura o rottura della relazione. Il concetto di peccato, ha una vastità di significati, tutti da chiarire per non cadere nella confusione.

Nella bibbia le parole che definiscono il peccato sono molteplici: ne ho contate una trentina e vado per difetto. Non faccio l'elenco e neanche un capitolo sul peccato, dopo che vi ho già illustrato il meglio dell'argomento (si fa per dire!) con la crudeltà, la persecuzione e la cattiveria. Farò allora ricorso ancora una volta all'ambito della relazione. Fondamentalmente i peccati possano essere distinti in tre tipi.

Il primo si riferisce al concetto biblico di *hatta'* che vuol dire letteralmente bersaglio mancato, il quale identifica quello che noi normalmente definiamo errore, mancanza o difetto.

«Il vino era molto buono, peccato che il bicchiere fosse mezzo vuoto!»

«È carina, simpatica, peccato che sia grassa!»

«Quella macchina posteggiata in curva mi ha nascosto la visuale e non l'ho vista arrivare, così non ho frenato in tempo. Peccato! Se ...»

Il secondo indica l'andar contro la propria coscienza, gli altri, la legge e Dio. È il peccato di cui normalmente si parla. Quello che nasce dall'egoismo, dalla cattiveria, dalla malizia, dalla crudeltà e dalla persecuzione. Ha il potere di creare lontananze in noi stessi e con gli altri molto profonde e talvolta tragiche. Le conseguenze, che, ancor prima di ricadere sugli altri, già pervertono chi le compie, sono spesso tremende.

Non dimentichiamo l'acuto aforisma orientale che afferma che non siamo puniti per i nostri peccati, ma dai nostri peccati.

Ciò è facilmente comprensibile nei comportamenti smodati di tipo sessuale che sono a rischio di aids o anche gli abusi alimentari che provocano malattie d'ogni tipo. È anche opportuno notare che qualunque peccato, prima di essere nelle azioni è nella mente, cioè dentro di noi, a spargere le tossine del rancore, della cattiveria e della negatività, rendendoci schiavi del sospetto e della paura.

Il terzo tipo di peccato è quello imperdonabile. Nasce dalla negazione della misericordia e di conseguenza anche del perdono.

Gli atteggiamenti possono essere i seguenti: la disperazione: «Ciò che ho fatto è talmente grave, che non può essere perdonato», la negazione: «Non esiste né la bontà, né la misericordia e il perdono è solo un'ipocrisia», oppure: «Dio non esiste e quindi, se riesco a farla franca, cosa me ne importa del peccato?» e la malafede: «Posso combinare quello che mi pare e piace, tanto poi Dio mi perdona.» Sostanzialmente tutti questi atteggiamenti reputano inutile il perdono e non ne sentono il bisogno, perciò non cercandolo, non lo incontreranno mai!

La vendetta

Agli antipodi del perdono si situa la vendetta con le sue distruttività. Per comprenderla si deve andare a cercare dove poggia la sua forza.

Essa situa le sue ragioni nella giustizia retributiva, nel campo del dare e dell'avere dove i conti devono sempre tornare. Commette però l'errore di identificare la persona con il male da lei commesso, precludendo così ogni possibilità di perdono. Colui che ha sbagliato diventa il nemico, la personificazione del male da combattere.

Tutte le azioni originate da questo modo di percepire l'altro si chiamano vendette. Si va dalle fantasie punitive fino alle azioni più nefande e violente contro di colui che è stato identificato come colpevole. I comportamenti vendicativi sono tipici di chi vive costantemente giudicando gli altri. Il giudizio può partire dal look, dai piccoli difetti fino alle azioni più criminali.

L'operazione è sempre la stessa: il giudicare che abitua la mente a cercare sempre il negativo fino a perdere di vista ogni altro aspetto positivo e la stessa dignità dell'essere umano. Dire che la vendetta è praticata su larga scala dai singoli e anche dalle istituzioni mi sembra superfluo. Valga per tutte la vendetta di stato: la pena di morte.

Il contenuto di questa riflessione è presto condensato nei due termini di perdono e vendetta.

Allora **"Se desideri essere felice, cerca di evitare il giudizio che porta alla vendetta e prova a perdonare."**

La prima settimana di primavera

Lidia è una di quelle adolescenti che non hanno nulla da invidiare alle ragazze più mature. Infatti, i suoi occhi castani e grandi in un volto appena ovale, incorniciato dai folti capelli bruni, con un ciuffo ribelle sulla fronte, fanno l'orgoglio della madre, che l'accarezza con lo sguardo.

Non è alta di statura, in compenso ogni curva è posta su movenze già sapide e ricche di promesse.

La si direbbe una ragazza felice dallo scoppiettio del suo eloquio gioioso tra due fossette birichine, se l'attenzione dell'osservatore non fosse attratta dai polsi sempre coperti. Sotto due polsini policromi da tennista Lidia nasconde il segreto di una morte cercata più volte.

Fin da bambina, l'inizio della primavera ha coinciso con un incupimento improvviso del suo carattere, accompagnato da insonnia, incubi e improvvisi scoppi di pianto inconsolabile.

Col sopraggiungere dell'adolescenza l'imminente primavera era segnalata da un pallore freddo sul suo volto. Il disegno morbido delle sue labbra si faceva una fessura orizzontale appena percepibile. L'occhio diventava piccolo ed ogni tratto s'irrigidiva. Cominciava per tempo con la paura del coricarsi, poi voleva la luce accesa tutta la notte. Infine neanche la presenza della madre la tranquillizzava mentre si accartocciava in una posizione fetale sotto le coperte.

Il culmine dell'oscura sofferenza coincideva con uno stato di terrore inspiegabile. Furono consultati vari specialisti e seguite varie terapie.

Lidia cercò ripetutamente la morte, affondando lo strumento tagliente nei suoi polsi. Al terzo tentativo si pensò perfino alla terapia del sonno finché fosse trascorso l'inizio della primavera.

Si provò anche con l'ipnosi, ma non si andò più in là d'immagini d'oggetti appuntiti che la minacciavano in un incubo senza fine.

Il fatto incredibile era che, trascorsa la prima settimana di primavera, tutto rapidamente si acquietava e Lidia tornava misteriosamente ad essere quella meravigliosa ragazza che tutti amavano coccolare. E, se non fosse stato per i segni che portava sui polsi, lei avrebbe pensato che il fatto neanche la riguardasse.

Quel anno, verso la fine della vendemmia, passò per il paese uno psichiatra, che riferiva di una teoria secondo cui molte malattie risiederebbero nella genealogia famigliare. Sembrò di capire che bisognasse guarire l'albero genealogico. La gente non comprese molto bene, ma la madre di Lidia si aggrappò all'idea che forse quel uomo poteva essere la soluzione del suo dramma.

Ripose accuratamente l'indirizzo ed il numero telefonico dello sconosciuto psichiatra e poi s'immerse nella quotidianità. Passò Natale e passò Carnevale. Poi a marzo vide puntualmente disegnarsi sul volto della figlia l'appuntamento con la morte. Fu allora che tirò fuori la forza della disperazione e andò a cercare lo psichiatra.

Egli accolse le due donne abbracciandole, sebbene le vedesse per la prima volta. Ascoltò a lungo Lidia e le fece molte domande. Ogni tanto scuoteva la testa con un'espressione di sofferenza.

Quando, congedata la ragazza, venne la volta della madre, le fece molte domande sui nonni, sugli zii e sugli avi. Quindi si pose in silenzio con lo sguardo assorto e triste per un interminabile momento. Riprese informandosi sul compleanno di Lidia, che cadeva a settembre.

«Mi racconti della sua gravidanza» proseguì.

«Ah! Non me lo dimenticherò mai. Eravamo a sciare e quella sera con mio marito e gli amici avevamo alzato un po' il gomito e fu così che il sistema contraccettivo non funzionò. Qualche giorno dopo ero già convinta d'essere incinta. Da una parte ero contenta, dall'altra ero preoccupata, perché era in ballo una mia possibile promozione sul lavoro e la gravidanza l'avrebbe sicuramente ostacolata. Sono stata per troppo tempo combattuta sul da farsi. Pensi che poi ho tentato l'aborto. Ma il medico aveva dovuto interrompere l'intervento per il sopraggiungere di un'emorragia.»

«Ha poi ritentato?»

«No, la vista del sangue mi aveva talmente spaventata, che non ho voluto più riprovarci. Mio marito poi non voleva, perché temeva per la mia salute. Il resto è andato tutto bene ed è nata Lidia, così bella e sana, che della carriera non me n'è più importato nulla.»

«Si ricorda quando fece l'intervento terminato con l'emorragia?»

«Mi faccia pensare. Doveva essere l'inizio della primavera, perché il giorno prima mio marito mi regalò un mazzo di rami di pesco fiorito.»

«Signora, mi dia le sue mani e mi guardi. Ha detto l'inizio della primavera?» La frase era scandita lentamente.

«Sì ... l'inizio della primavera» e le parole rantolavano nella voce della donna, mentre le mani fredde si conficcavano in quelle calde dello psichiatra.

Poi si staccarono e si avvinghiarono ai capelli nel gesto della disperazione, mentre il medico la guardava con compassione. Finalmente lo spasimo del volto si sciolse nel pianto, che andava a posarsi sulla mano dell'uomo che l'asciugava.

«Dottore come faccio ora con mia figlia? Come faccio?»

«Le chiederà semplicemente perdono.»

«Ma può spiegarglielo lei?»

«No. Si lasci guidare dal cuore».

Dopo una lunga pausa silenziosa, il medico riprese: «Ora vado a chiamare Lidia. E non abbia paura, ci sono qui io.»

Con qualche scusa lo psichiatra s'intrattenne di là con la figlia, giusto il tempo per la madre di ricomporsi.

Quando Lidia rientrò, notò gli occhi arrossati della madre e l'andò subito ad accarezzare. La madre però la fece sedere e le s'inginocchiò davanti, sebbene la figlia tentasse di rialzarla. «Lasciami fare, bambina mia. Lasciami fare. Devo dirti una cosa tremenda. Ma tu non m'interrompere. Potrei non farcela.»

Le mani della donna si posarono sulle ginocchia della figlia, mentre lo psichiatra scivolava alle sue spalle per seguire con lo sguardo le emozioni sul volto della figlia. Quella non tardò a mandargli un'occhiata interrogativa, che fu subito placata da un cenno d'accondiscendenza.

Man mano che il racconto andava avanti Lidia si spingeva sempre di più verso la madre, la cui sofferenza le diventava insopportabile. Voleva fermarla, gridargli di smettere di farsi del male.

Alla fine scivolò lentamente dalla sedia fino a trovarsi in ginocchio davanti a lei. Allora le sussurrò: «Mamma, mamma ... ti perdono. E perdonami anche tu, mamma.»

Poi le prese il capo e lo affondò nel suo seno che si piegò tutto su di lei.

Quindi fu un lunghissimo attimo d'amore.

Dono

Le voci delle ombre ti grideranno il nulla,
ma tu sorridi, perché sei dono.

Al mercato dei sensali ti chiederanno l'anima,
ma tu respingili, perché sei tesoro.

I servi del visibile vorranno il tuo volto,
ma tu copriti, perché sei sguardo.

I signori del pensiero
ti offriranno un giogo d'oro,
ma tu spezzalo, perché sei stupore.

Le vie della polvere si perdono nel dedalo inutile
di un calpestio ignoto.

Ma tu sai d'esser chance,
perché tu sei dono.

Capitolo VIII
PERDONARE

La misura di Dio

Se mi amerai con tutto il tuo cuore,
con tutta la tua anima,
con tutta la tua mente,
con tutte le tue forze
sarò per te
padre, madre
e Dio della gioia.

Se amerai i tuoi fratelli
come ami te stesso,
se li perdonerai
come perdoni te stesso,
allora mi vedrai
e possederai la terra.

Dare il perdono

Il perdono è la via maestra della riconciliazione e si inserisce nella relazione che è stata offesa da fatti e comportamenti che hanno leso la persona, le regole, i patti e l'aspettative. La ferita inferta alla relazione e alla persona rallenta o intralcia il flusso sereno della comunicazione, dei rapporti e della convivenza: annienta la predilezione dell'amore.

Tutto comincia a scricchiolare e ad esser incerto ed il clima affettivo degrada.

Prima di arrivare al perdono bisogna riflettere sui meccanismi che si instaurano in seguito al patimento di una minaccia o di un danno o di un'offesa. Il processo di elaborazione delle offese è di vari tipi: morale, relazionale e personale. Non è uguale per tutti, ma dipende dalle caratteristiche personali, dalle esperienze e dall'educazione ricevuta.

L'elaborazione delle minacce, delle offese e dei danni di tipo morale ha in prima fase l'indignazione per le regole disattese, i patti o il costume non rispettati.

L'indignazione è rivolta soprattutto ai comportamenti negativi che hanno determinato l'offesa morale, piuttosto che alla persona che ci offende. Lo sdegno, come l'irritazione conseguenti, si manifestano attraverso le forme della protesta, attraverso la quale si comunica in modo chiaro forte, ma senza violenza, la contrarietà e lo sconcerto morali per l'ingiustizia subita.

Poi si aspetta che l'altro dia spiegazione e conto del proprio comportamento. È la fase della **latenza,** in attende che il colpevole si assuma la responsabilità connessa, in base alla quale si potrà avere una risoluzione di tipo riconciliatorio che ripristina la fiducia compromessa, oppure la perdita della stessa con la conseguente mutazione della relazione in senso negativo ed ostile.

L'elaborazione delle minacce, delle offese e dei danni di tipo relazionale riguarda le aspettative e le attese, la compromissione delle quali in prima fase si manifesta attraverso il disappunto e il disinganno, che seguono all'improvviso e spiacevole contatto con una realtà tutta diversa da quella attesa. Ogni relazione poggia su regole che originano aspettative, la cui disattesa non può che dispiacere.

La risposta alle attese non soddisfatte può manifestarsi attraverso la protesta, il lamento, il vittimismo, oppure con la rinuncia a mostrare la propria contrarietà.

Nel primo caso accadrà come nell'indignazione e dipenderà dall'atteggiamento dell'altro la risoluzione. Nel caso di rinuncia della protesta, subentra la delusione con la perdita di fiducia e spesso anche della stima e la risoluzione in una relazione depotenziata e svuotata dalla mancanza di fiducia.

L'elaborazione delle minacce, delle offese e dei danni di tipo personale hanno in prima fase il rifiuto, consistente nella sorpresa negativa d'esser stati oggetto di comportamenti e atteggiamenti negativi. La vittima non si capacita di quanto ha subito.

"Perché mi hai fatto questo?" "Perché a me?" "Io non mi meritavo una cosa simile!"

Al rifiuto seguono diverse alternative: la protesta, che rinuncia alla reazione o invece coltivare quel tormento che non consente il superamento del rifiuto e determina il rancore, che è l'atteggiamento spirituale ostile e forte.

Il rancore (dal latino *rancidus*, rancido) si alimenta attraverso l'ossessivo ruminare le offese patite e la messa in atto di dispetti, rappresaglie e vendette. Col tempo il rancore si attenua e assume la forma meno aggressiva del risentimento, che rappresenta la traccia nella memoria del rancore.

L'offeso non dimentica e non vuol dimenticare, conserva e coltiva nel ricordo il risentimento che genererà l'odio, cioè la risoluzione ostile che preclude la riconciliazione.

Il processo di elaborazione dell'offesa personale ha allora il doppio esito negativo della perdita della fiducia e dell'instaurarsi dell'odio, il quale può sempre ripescare sia il rancore con le sue vendette o anche il risentimento che cova il veleno dell'ostilità.

Occorre inoltre ricordare che, come l'offesa personale può trasformarsi in protesta o delusione, così pure l'indignazione e il disinganno possono in individui particolarmente reattivi volgere verso la personalizzazione e degradare nell'odio.

Il perdono non è un atto, ma il processo di reintegrazione (rimettere insieme, riaggiustare) e di riconciliazione volontaria che si oppone agli esiti della elaborazione dell'offesa. Comunque non necessariamente parte dalla fine dell'elaborazione, può anzi intervenire in ogni fase, e tanto prima si inserisce e tanto meno sarà difficoltoso. Una cosa è affrontare il rifiuto e altro è guarire l'odio.

Il fondamento razionale del perdono è duplice. Per il principio della binarietà emotiva ogni emozione ha la sua contraria e ambedue sono la risposta ad uno stesso evento. Di fronte al pericolo posso scegliere la paura e fuggire o scegliere la fiducia e darmi il coraggio di affrontare l'evento. Similmente posso scegliere di amare o di odiare.

Ogni emozione ne annida delle altre. La rabbia, come abbiamo visto annida ed elabora il rifiuto, il disprezzo, il rancore, il risentimento fino a diventare odio.

La funzione del perdono consiste nel superare il malessere della rabbia risolvendola nel benessere della filia, superando tutte le emozioni negative annidate.

Questa è sapienza!

Chi perdona non ha normalmente la coscienza analitica di fasi ben differenziate, ma piuttosto si sente dentro un sentimento di tensione fra la rabbia naturale e la sua volontà di superarla. Le fasi di reintegrazione della relazione non rappresentano quindi una successione di un percorso rigoroso e necessario, ma aspetti di un processo inclusi in un'unica prestazione dello spirito.

Il perdono è la scelta che si situa tra la rabbia e la filia. Scegliere di provare amore anziché odio è un atto di libertà, il quale comporta la responsabilità del percorso e della fatica della riconciliazione. La rabbia evolve verso il tormento rancoroso dell'odio, mentre la filia fiorisce nella libertà di amare. Chi odia è definito normalmente col termine cattivo, che in latino significa anche schiavo, prigioniero.

La prima fase del perdono è l'accettazione e consiste nella reintegrazione e superamento del rifiuto, per trasformarlo in accettazione.

Durante questa fase l'offeso si pone continuamente la domanda: "Perché mi è stata fatta questa cosa?" "Io non mi meritavo una cosa simile!"

L'aspetto reintegratorio consiste nell'accettare che gli altri possano offenderci e comprendere che fa parte delle evenienze dell'esistenza, soprattutto con le persone che ci stanno a fianco e più ci importano. Infatti può accadere che l'altro sbagli, che ci offenda e che ci danneggi. Sta nella quotidianità il superamento delle contrarietà, altrimenti l'alternativa è il conflitto perenne.

"Posso accettare che l'altro sbagli, così come posso accettare i miei limiti!"

Nell'elaborazione dell'offesa la seconda fase, o della delusione, rappresenta l'insoddisfazione e la frustrazione che si accompagnano sempre ad ogni rabbia.

"Mi hai molto deluso!"

Per reintegrare la delusione occorre porre attenzione al messaggio nascosto dietro l'errore e l'offesa: "Cosa mi ha particolarmente dispiaciuto?" e "Desidero capire perché questo fatto m'offenda così tanto!"

Superare la delusione che è dentro la rabbia vuol dire andare a recuperare le aspettative andate tradite, perché esse rappresentano il contratto affettivo non scritto, ma atteso. Salire su un tram, essere spinti, sballottati e aver i piedi schiacciati, (magari proprio nel callo preferito!) non è certo ciò che ci si aspetta, ecco perché ci si arrabbia. Questo vale in ogni relazione.

La terza fase di reintegrazione dell'offesa consiste nella rinuncia al dispetto, alla rappresaglia e alla vendetta per far progredire il perdono, ed è la fase dell'innocenza, intesa in senso etimologico di *in-nocens*, non nocivo, acquieta l'aggressività della rabbia, disarmando il rancore:

"Scelgo di non vendicarmi!"

La fase risolutiva è composta dall'accoglienza che elabora la paura riportando la sfiducia, e dalla riconciliazione con il ritorno a comportamenti filiaci o non ostili:

"Scelgo di non aver più paura e di ritornare a fidarmi".

Il risultato finale è rappresentato da un agire disarmato e un sentire positivo che rende liberi, restituendo lo stato di flusso.

"Scelgo d'esser libero di provare di nuovo sentimenti positivi!"

"Scelgo di amare".

Molti dicono che non riescono a perdonare. Il perdono non è un'emozione, un sentire che appartiene a "beato chi ce l'ha!", ma è un processo volontario, che costa la fatica di un percorso e che va contro la normale e naturale elaborazione dell'offesa in vista di bisogni sociali e spirituali superiori.

Come tutti i processi presuppone un'abilità ed una competenza che si apprende. Si impara a perdonare perdonando, perdonando, perdonando ecc.

Ad abilità esercitata e acquisita corrisponde facilità esecutiva. Sembra infatti che esista una zona della corteccia precentrale con la funzione di controllare il ruminare ossessivo. Ad esercizio non praticato corrisponde il marcire interiore dell'odio, del rancore e dell'invidia, brutta matrioska emotiva mortifera e tormentosa. Senza perdono e la sua pratica non si dà relazione filiaca. E senza relazione filiaca non si dà felicità. L'odio non si guarisce con l'amore, ma con il perdono, il quale è la via di ritorno all'amore.

Nella relazione le forme intermedie della reintegrazione rimandano il problema e lo cronicizzano. La tolleranza, il portare pazienza sono forme di attesa che raffreddano la situazione, ma non ripristinano la relazione d'amore.

Neppure l'assoluzione e la giustificazione funzionano, perché il fatto offensivo va a stazionare nella memoria.

L'indulgenza non ha miglior fortuna, perché sottintende una perdita di stima: "Tanto non ci puoi fare nulla, sei fatto/a così!"

La condivisione del pensare "sbaglio io, ma sbagli anche tu!", indica una relazione che non vuole crescere.

Il martirio vittimistico ottiene l'effetto di irritare e perpetuare il comportamento errato.

Il contratto, "ti perdono, se ..." è un ricatto!

Se il perdono ha la funzione di ripristinare la relazione, ciò che invece la nutre è la gratitudine.

Una relazione senza gratitudine degrada la stessa in un dovere o in un ruolo. La relazione che nasce da un dovere è destinata o a mimetizzarsi dietro le buone ed educate maniere o a diventare ostile. Se lo stare insieme non diventa una scelta è inevitabilmente destinato a diventare un peso.

La gratitudine riconosce la scelta e la gratuità della gentilezza.

Essere filiaci nella relazione non è un dovere, ma un atto di donazione, a cui va riconosciuto la gratuità e quindi la gratitudine, la quale certifica l'amore, mentre il perdono lo guarisce.

La gratitudine ed il perdono sono il nutrimento e la medicina dell'amore. ...

Non va dimenticato inoltre un altro aspetto che la medicina più recente va chiarificando.

Il nostro corpo produce il DHEA, un ormone protettivo, il quale ha li stessi precursori chimici del cortisolo, l'ormone dello stress. Il DHEA è associato a molte funzioni protettive e stimolanti la salute. Ma quando il precursore nello stress viene utilizzato per produrre cortisolo, non può servire per il DHEA. (L. Childre, H. Martin 2000).

Accade allora che le nostre energie vengono incanalate nel percorso dello stress prodotto dall'odio, così non rimane energia per i processi rigenerativi e per la difesa dalle malattie.

Ad alti livelli il cortisolo uccide le cellule cerebrali, riduce la massa muscolare, aumenta i danni ossei, le osteopatie e molte altre patologie. Mentre l'adrenalina prodotta dalla rabbia aumenta i rischi cardiaci e le aritmie.

Odiare non è né igienico e né salutare.   Diceva Shakespeare: "Avere rabbia è come bere del veleno e... aspettare che l'altro muoia".

Purtroppo odiando stai avvelenandoti di cortisolo, ammazzandoti da solo di rancore ed odio!

Il perdono produce una condizione di liberazione, di leggerezza, di gioia e felicità intense. Durante il processo di perdono si manifestano nel fisico gradevoli sensazioni di piacere, che causano il rilascio di benefiche endorfine nel sangue.

Mentre invece, con la rabbia diminuisce l'ossido di azoto nel sangue, che funge da vasodilatatore, con conseguenze negative perla salute.

Il suggerimento al termine di questa riflessione è:

"Se desideri essere felice, vivere in pace e in salute, cerca di esercitarti nel perdono e nella gratitudine".

Il racconto e la lettera che seguono fanno parte della mia memoria e li porgo con intento educativo.

Il braccio del cuore

«Pronto dottore.»

«Salve, sono io. Con chi ho il piacere di parlare?»

«Indovini un po'?»

«Non vorrei sbagliare, ma il mio orecchio di ex telefonista mi suggerisce che sto parlando con una simpatica ed inconfondibile signora bionda che da due anni, o forse di più, non ho il piacere di sentire.»

«È di più. Ma stavo bene e tutto andava per il meglio.»

«Risolto il problema di lavoro del marito? E i figli?»

«Tutto bene per loro? Sono io di nuovo il problema.»

«Non mi dirà che è ricaduta nell'ansia? Era guarita perfettamente!»

«E, infatti, non si tratta dell'ansia. Si tratta di un'altra cosa. Le ha ancora le macchinette?»

«Certo, perché?»

«Ho un dolore al braccio sinistro che non mi permette più di lavorare.»

«Ma questo è un problema da ortopedico!»

«Già sentito più d'uno. Fatto applicazioni di ogni tipo e varie terapie farmacologiche. Vedesse le medicine che ho per casa e in ufficio!»

«Ma ci sono stati dei traumi o, che so io, d'altro?»

«No. È da un po' di mesi che mi tormenta questo dolore e non riesco a liberarmene.»

«Mi dica Lavinia, nota della rigidezza nel braccio?»

«Sì, ma penso che dipenda dal dolore?»

«Faccia la brava e lasci fare a me la diagnosi. Ha notato se vi sono differenze di temperatura fra le due mani?»

«Non ci ho mai fatto caso. Ma adesso che mi ascolto noto che la mano sinistra è più fredda della destra.»

«Se è così una qualche idea io ce l'avrei. Ma prima vorrei fare delle rilevazioni con le macchinette. Vuole che ci vediamo?»

«Le ho telefonato apposta. Ma voglio essere vista al più presto.»

«Lavinia, come il solito, direttiva! Lo sa quali sono i miei tempi.»

«Sì, ma io sono una cliente fan e quindi ho diritto alla precedenza.»

«Lavinia, Lavinia, lei non cambia mai! Fa così anche con il boss in ufficio?»

«Quello so io come tenerlo a bada. Mi combina di quei casini! Le racconterò, le racconterò!»

«Siamo sul piccante?»

«Invecchiando peggiora!»

La conversazione telefonica terminava con l'ottenimento di un appuntamento a breve. Lavinia è un'affascinante e volitiva signora che ha saputo con efficienza arrivare nel lavoro fino nel gradino più alto consentitole.

Sopra di lei c'è solo un capo di una di quelle strutture piramidali dove tutto è misurato in termini di denaro, di prestigio e di look. E lei, in quanto ad eleganza e savoir fair, ne ha da vendere!

Per il passato alcune situazioni realmente difficoltose sul posto di lavoro in concomitanza con alcuni problemi famigliari avevano mandato in tilt la sua sicurezza al punto di temere di non farcela.

Un trattamento di poco più di dieci sedute, seguite da altre di controllo distanziate nel tempo, l'avevano rimessa in sella alla sua vita molto movimentata. Cosicché la parola psicoterapia era di nuovo scomparsa dal suo vocabolario e relegata al ricordo di un simpatico ed amichevole rapporto instaurato con lo psicologo.

Il fatto nuovo apparve subito un po' strano, ma Lavinia nei suoi racconti non fornì granché di interessante per l'interpretazione dei nuovi sintomi dolorosi ed invalidanti.

All'analisi strumentale con un termometro elettronico si rilevò subito un differenza negativa di temperatura fra il braccio sinistro ed il destro.

Esclusa la diagnosi circolatoria per esami già fatti, si trattava di vedere lo stato di attivazione (tensione dei muscoli) del braccio in questione.

E la macchinetta (un EMG o elettromiografo) rilevò una tensione del braccio almeno tre volte superiore alla media. In altre parole il braccio sinistro di Lavinia continuava ad attivarsi anche durante il riposo come se stesse lavorando, causando in questo modo col tempo una sofferenza che non cessava, ma anzi peggiorava.

Non avendo altri elementi a cui aggrapparsi per aggredire il male, il terapeuta propose un training di rilassamento mirato al braccio in questione.

A tale scopo con lo stesso strumento posto all'attenzione della paziente, la istruì a distendere il braccio e a riconoscere, con il conforto di un segnale luminoso ed acustico che aumentava e diminuiva in parallelo con l'EMG, il risultato dei suoi tentativi.

Durante le prime sedute con la diminuzione dell'attivazione il dolore aumentò, ma il fatto era abbastanza prevedibile, perché correlato ad una sensibilità sul braccio che andava aumentando.

Poi si attenuò fino quasi a scomparire.

Intanto tra un tentativo e l'altro le confidenze con il terapeuta ripresero l'antico flusso irrefrenabile del carattere esuberante di Lavinia.

Al termine di quella che doveva essere l'ultima seduta strumentale per poi passare al controllo a distanza, Lavinia ebbe un sussulto di memoria.

«Sa dottore che mi sono dimenticata di raccontarle un fatto molto doloroso per me, che mi è successo lo scorso anno?»

«Non è certo da lei dimenticare. Deve essere certamente pesante se si è decisa soltanto ora a ricordarlo. Si tratta di cose personali, qualche lutto?»

«L'uno e l'altro.»

Pausa silenziosa e triste!

«Se la sente di raccontarmelo o vuole che ne parliamo un'altra volta?»

Altro silenzio. Lavinia ha perso il suo atteggiamento vivace e nel volto si disegna una smorfia di dolore.

«Credevo di essere arrivata alla menopausa. Il mio ginecologo la pensava come me e per aiutarmi mi aveva dato delle cure, ma dopo più di un mese di trattamento si scoprì che la diagnosi era un'altra...»

Ancora silenzio penoso.

«Ero incinta!»

«Niente di male!»

«Non ho ancora ben capito! Ma il mio ginecologo forse per le cure che mi aveva dato o chissà per quale altro motivo, ha cominciato insistentemente a premere perché me ne disfacessi e ha anche convinto mio marito.»

«E lei?»

«Io invece lo volevo, anche se loro dicevano che poteva nascere con problemi o addirittura ammalato.»

Silenzio e forse una lacrima.

«Poi esasperata da entrambi ho ceduto. Lei non sa come mi sono sentita. E poi io sono credente!»

«Lavinia, purtroppo quello che è fatto è fatto. Ora però comincio a capire! Mi dica come teneva in braccio i suoi bambini da piccoli.»

«Così!»

«La testa da che parte?»

«Preferibilmente a sinistra.»

«E quindi cominciava ad allattarli da sinistra.»

«Sì.»

«Mi dica anche che è di sinistra!»

«Nel mio lavoro è pericoloso essere di sinistra.»

«E mi dica. A quale braccio è collegata la macchinetta?»

«Al sinistro... -breve silenzio-. Non mi vorrà dire che il mio braccio sinistro mi stia punendo?»

«Diciamo che sta ricordando. Non le pare un po' strano che lei si trovi a dirmi una cosa così solo alla fine della terapia? Sa come si chiama? Rimozione. Cioè nascondere qualcosa che fa soffrire.»

«Ma allora il dolore al braccio mi ritornerà?»

«Non lo so, anche perché lei ora è consapevole della causa.»

«Ma io sto male ogni volta che ci penso.»

«Ma è proprio questo il vero problema, non il braccio. C'è da riconciliarsi con questo piccolo non nato.»

«Vorrei tanto farlo, ma non so come!»

«Una strada c'è facendo ricorso alla sua fede. Ma questo non è compito della psicoterapia e quindi lo affronteremo fuori di questo contesto, basta che lei mi dica se lo vuole fare e quando.»

«Anche subito.»

«Allora ci organizziamo così. Lei...ecc. ecc. »

Lavinia da allora sta bene. Ogni tanto un'ombra impercettibile passa sul suo volto quando vede qualche mamma con un piccolo in braccio. Allora per un breve attimo deve far ricorso al dialogo intimo che continua avere con "il più piccolo dei suoi figli", come lei ama confidare ancora al suo psicologo.

Lettera ad una mamma

Carissima,

sebbene tu rimanga per me sempre una delle scolare a cui ho insegnato a leggere e scrivere, in questa lettera ti chiamerò madre, mentre tu ti ritieni ancora una ragazza. Ma questa è già una risposta alla domanda che mi hai posto.

Il dramma dell'aborto è una di quei problemi che implica una quantità di variabili così complesse, che una lettera non può certo presumere di affrontarlo.

Ma io ti risponderò con la schiettezza di chi vuole guardarlo in faccia e dire solo e semplicemente quello che pensa, perché immagino che tu non abbia bisogno di una dotta disquisizione, ma solo della mia testimonianza.

La vita mi ha costantemente messo a fianco di donne in tenera attesa e la mia curiosità non ha avuto remore nel porre domande, anche molto intime, sui sentimenti che una donna prova quando è incinta.

Le risposte sono molto ampie e con sfumature che fanno d'ogni evento materno un unicum ricco di intensità diverse ed emozioni spesso indicibili.

Un'altra mia ex alunna, che tu non conosci, dall'aspetto dolcissimo, mi ha confidato una gioia intima fortissima che la portava a progettare e a fantasticare in continuazione sul futuro, al punto che la sua vita era completamente rivoluzionata dalla nuova presenza che cresceva in lei.

Il tutto poi si confondeva con i ricordi della sua infanzia che riemergevano in continuazione.

Altre mi hanno parlato di nuova creatività, d'entusiasmo, ma anche di sgomento.

Non mancano testimonianze di sorpresa, incredulità ed anche smarrimento.

I loro racconti sono tutti presi dalla novità, che, la consapevolezza di un cambiamento decisivo nella loro vita, ora impone con tutte le emozioni e gli interrogativi dell'evento straordinario. Tutte concordano che il dopo comporta un mutamento in loro che non concede più un ritorno al come prima.

La stessa conclusione ho ricavato dall'ascolto di esperienze di aborto spontaneo sperimentato da alcune di loro. Unanimemente riferiscono un senso di svuotamento sconvolgente e sebbene non fosse persa la speranza della maternità, rimaneva la triste constatazione di "non essere più la mamma di …".

Che cosa accade quando una donna rimane incinta? Si compie il fatto definitivo e sostanziale che una donna diventi madre, vale a dire cambi identità. Si tratta di un cambiamento che investe tutte le dimensioni della persona. Il mutamento fisico è quello di una donna che si fa grembo di vita; quello psichico del sapersi madre e quello spirituale di un diverso significato che assume la propria vita da quel momento in poi. Rispetto a prima è diventata un'altra: da donna a madre.

La consapevolezza di un'identità nuova è però diversa per ognuna di loro. Bisogna anche ricordare che ognuno di noi ha della propria identità una conoscenza relativamente superficiale. È come chi dicesse di conoscere una montagna perché l'ha scalata. In effetti, la sua conoscenza è legata alla crosta esterna, ma non sa nulla delle viscere profonde della montagna, dei suoi anfratti e delle sue acque nascoste.

La verità è che la nostra identità è per lo più inconscia.

Da questo fatto discende un tremendo interrogativo: che cosa accade quando s'interrompe l'unità profonda di madre ed embrione, che giustamente chiamiamo maternità, come se fosse una cosa sola?

Certamente avrai sentito tante risposte. Ma sono altrettanto convinto che tutto quello che ti è stato suggerito per placare la tua sofferenza si ferma normalmente alla superficie della montagna.

L'aborto, invece, è uno di quegli interventi che agiscono dentro la montagna, dove noi non vediamo e perciò stesso non possiamo valutarne l'impatto e le conseguenze.

Con l'aborto tu cessi d'essere madre, agendo contro la tua nuova identità.

Mi domanderai come faccio a dirti una cosa così pesante e gravida di conseguenze.

La mia risposta discende dalla semplice constatazione che feci un giorno analizzando gli elementi più comuni delle pazienti che avevo avuto in psicoterapia.

Sebbene le diagnosi e le situazioni fossero le più differenti, spiccava nelle loro storie fra tutte la presenza dell'aborto, spesso manifestato tardivamente e solo in seguito a precisa domanda. Inoltre, poche di loro attribuivano inizialmente quella rilevanza che successivamente si aprì alla loro consapevolezza. E non ti sto a descrivere la sofferenza e le lacrime cui sono stato testimone. Nessuna di loro sospettava minimamente a cosa andasse incontro praticando l'aborto, né c'era stato chi con chiarezza le avesse spiegato i pericoli psichici nei quali sarebbe molto probabilmente incorsa.

Mi domando se fosse incompetenza, rimozione o colpevole faciloneria.

L'aborto è diventato col tempo nelle nostre istituzioni pubbliche una pratica burocratica.

Ma la sofferenza di una donna, e soprattutto di una giovane donna che si affaccia alla maternità con tutte le sue paure ed incertezze, non può e non deve mai diventare un fatto di routine, perciò ti ho parlato con questa franchezza.

Come uomo non potrò mai avvicinarmi ad una sofferenza così grande, ma, per quel che mi è dato di capire, ti sono vicino e ti abbraccio.

Scrivimi.

il tuo vecchio maestro

Nb. Credo che questa lettera abbia minimamente contribuito alla nascita di una stupenda bambina, ma lei, la mamma, quando mi telefona e mi racconta il crescere della sua ragazza e mi ripete sorridentemente esser anche figlia mia!

Capitolo IX

CHIEDERE PERDONO

Il senso di colpa

Il senso di colpa rappresenta il sentimento contrario alla felicità e svela attraverso le emozioni di area specifica una relazione negativa. Se la felicità segnala l'edonia di una relazione filiaca, positiva e rispettosa, il senso di colpa al contrario avverte che la relazione è compromessa o addirittura ostile.

Le sfumature emotive sono numerose. L'umiliazione è il prender coscienza di un errore, una colpa, un difetto che genera vergogna e contrizione. La vergogna è frutto di un grande turbamento e di paura per quanto fatto che prevede di provocare un grande biasimo da parte degli altri e quindi un disonore. Per niente è il sentimento che si impossessa di Adamo ed Eva fuori dal giardino dell'Eden, il regno della felicità.

L'aspetto di tormento, contrario alla pace e alla serenità incluse nella felicità, si evidenzia particolarmente nel rimorso, il quale è il persistente senso di colpa per il male, l'errore o lo sbaglio commessi.

Fanno parte dell'area emotiva specifica anche l'umiliazione, l'avvilimento, il rincrescimento, la contrizione, la mortificazione, l'imbarazzo, la demoralizzazione e l'elenco non è completo. Tutte queste emozioni sono decisamente antiedoniche e mosse da propensioni ed antitropismi tormentosi, che generano un malessere di tipo depressivo.

Il superamento del senso di colpa comporta un processo di reintegrazione, il quale risolva il senso di colpa attraverso un percorso di assunzione di responsabilità che porti alla riconciliazione.

La colpa segue ad una perdita similmente alla tristezza. La differenza è che la perdita della tristezza è di tipo reale, mentre nella colpa è di tipo morale, relazionale e/o sociale.

Si è tristi per la scomparsa di una persona cara, per la perdita della salute, per la sottrazione di una cosa significativa, per una sconfitta, ma ci si sente in colpa per il danno morale che segue la trasgressione della legge, sia essa morale, sociale o pubblica. La perdita non è qualcosa di palpabile e visibile, ma di tipo spirituale con diminuzione di senso e significato tale da abbassare il livello personale di autostima.

L'elaborazione del senso di colpa ha iniziale nella fase in cui si reagisce alla colpa con la negazione. Il colpevole non accetta e nega di aver sbagliato ed allora vengono a galla tutte le emozioni annidate dentro il senso di colpa.

Successivamente compare la rabbia, la tristezza per l'errore commesso e la paura delle conseguenze. La vergogna tendenzialmente vieta di confrontarsi efficacemente con il dato di colpevolezza a causa della paura d'esser scoperti. Chi si sente in colpa in modo vergognoso deve prender tempo per riorientarsi nella nuova situazione, a meno che non rimuova tutto con esiti possono essere anche patologici, come insegna la psicanalisi.

Nella fase di rifiuto il colpevole stenta a capacitarsi che quello che ha commesso possa averlo fatto proprio lui. Cerca delle giustificazioni nella situazione o attribuendo la responsabilità ad altri. Questo è un meccanismo di difesa dagli esiti incerti e negativi.

In fase di risoluzione la vergogna degrada verso l'autodisprezzo e la caduta dell'autostima, mentre il rifiuto può sviluppare aggressività e distruttività in varie direzioni.

Per superare il senso di colpa occorre reintegrare tutte le emozioni negative annidate nel senso di colpa attraverso l'assunzione di responsabilità, la quale unica può ripristinare il senso della propria dignità ferito dall'errore personale.

Il processo ha inizio con il prendere coscienza della trasgressione, della violazione che ha generato il senso di colpa con tutti i suoi tormenti.

La fase elaborativa parte dalla consapevolezza delle azioni sbagliate e dei valori offesi. Ciò comporta che si superi ogni tentazione di nascondimento della colpa. Poi si dovrà fare i conti con la rabbia di aver sbagliato e con il ruminare tormentoso interiore, senza cadere nella giustificazione e nel rifiuto della responsabilità.

"Come ho potuto fare questo?" "E adesso cosa mi accadrà?"

La tristezza che segue serve unicamente a prendere consapevolezza del male commesso, e coscienza della perdita di autenticità, di coerenza e di immagine morale.

Ormai il guaio è fatto, definitivamente accaduto, è opportuno accettarlo. Allora per reintegrare il senso di colpa non resta che assumersi la responsabilità.

Nella fase della responsabilità, la coscienza della propria condizione di colpevolezza attenua la rabbia e la tristezza ed il colpevole attraverso la riflessine matura la decisione dell'assunzione della responsabilità. Ha inizio quel percorso caratterizzato dal bisogno di rimettere in ordine gli "oggetti" affettivi e non, che sono stati "offesi". In questa fase il desiderio di chieder perdono e di sistemare ogni conto "in rosso" con chi è stato offeso e danneggiato diventa cogente. Rimane comunque latente un qualche timore di non essere perdonati.

L'assunzione di responsabilità ha anche la funzione di purificare la memoria (fase dell'umiltà), poiché rimette le cose e i fatti nel loro giusto valore. Il limite personale, come pure la possibilità di sbagliare, entrano nel novero degli accadimenti che possono essere efficacemente affrontati con il ripristino dell'autostima.

La richiesta di perdono solitamente avvia alla reintegrazione della relazione, ma non è che tutto torni come prima. La relazione riparte su basi nuove e diverse. Ciò dipende dalla natura del danno inflitto, dalle modalità offensive, dalle persone coinvolte e dalle loro caratteristiche psicologiche e spirituali. Il successo del processo di reintegrazione della colpa è segnalato dal ritorno alla serenità, la quale è precondizione di ogni felicità.

In tutte le culture sono sempre esistite forme di reintegrazione del senso di colpa, a partire dalle arcaiche leggi del taglione o da punizioni e pratiche d'espiazione.

Un aspetto costantemente presente nell'animo umano in modo spontaneo e profondo è l'ammirazione e il senso di rispetto che si riserva a chi sa assumersi le proprie responsabilità, accettare i propri errori e serenamente ammetterli. Tutti siamo consapevoli quanto questa qualità sia elevata ed apprezzata. Ma è altrettanto condivisibile che non si è emotivamente competenti e quindi felici senza possedere questa capacità.

Tale competenza, spesso derisa, è irrinunciabile agli effetti d'ogni promessa di felicità lungo il cammino alla ricerca del benessere spirituale personale e delle persone con le quali si è in relazione, per cui il suggerimento è:

"Se desideri essere felice, prova ad assumerti umilmente la responsabilità dei tuoi errori e non tardare a chiedere perdono."

Luana e il padre

Luana sfiorava tutti con la parvenza di un sorriso. Sapeva tacere!

Passava come un refolo biondo, cullando gli sguardi e le fantasie di tutti. Ma la sua riservatezza nascondeva un segreto di sofferenza.

Ogni tanto al lavoro dovevano soccorrerla, perché si sentiva mancare e qualche volta sveniva.

Quando venne a chiedermi aiuto, mi diede un indirizzo ed un appuntamento.

Quel primo sabato mattina quando entrai nel cortile attorniato dalle ringhiere di una vecchia casa, come allora si poteva ancora vedere nelle periferie di Milano, mi prese il sapore di cose antiche.

Poi Luana si affacciò alla porta con i capelli biondi un po' disordinati e mi venne incontro attorniata da un odore intenso di casa vissuta e chiusa.

Entrato, una rapida occhiata intorno mi fece capire che in quei decorosi e ordinati locali il sole non si affacciava da anni. Davanti alle finestre con gli scuri chiusi stavano ammonticchiati giornali e riviste con altre cose secondo un ordine che tradiva una vecchia data.

Il lampadario era accuratamente schermato di modo che la stanza fosse appena rischiarata da una luce fioca.

Luana mi spiegò che non sopportava la luce del sole e neppure l'illuminazione forte, perché le provocava mal di testa.

Dopo aver sorseggiato in compagnia del marito e di un delicato bimbetto un caffè, Luana mi rovesciò addosso una litania di sintomi e di vicende mediche e farmacologiche, che a stento riuscivo ad annotare e comprendere.

Le avevano parlato di ansia, qualcuno addirittura di ciclotimia, altri di esaurimento.

Francamente dopo un po' smisi di prendere appunti!

Luana mi appariva, dalla storia clinica che mi andava esponendo, un trattato di psicopatologia.   Nello stesso tempo la vivacità del raccontarsi mi sollevava parecchi dubbi. Finalmente venne il momento dell'analisi strumentale, che mi lasciò perplesso. Nessuna delle mie rilevazioni confortava la drammaticità del caso che Luana con perseveranza voleva accreditare.

E, ciliegina sulla torta, la richiesta del mio intervento non era motivata dalla sua sofferenza, ma dallo sconcerto di non riuscire nel suo desiderio di avere un altro figlio. Ogni tentativo di rimanere incinta era andato deluso già da vario tempo!

Con una battuta negai la mia competenza rispetto ad un problema di quel tipo!

C'era poi il problema dei vari farmaci che assumeva, ma sembra che l'avessero rassicurata rispetto all'eventualità di una qualche concomitanza col suo problema. La seduta terminò con un appuntamento per il sabato successivo per iniziare l'analisi della sua storia ed il rilassamento con l'ausilio strumentale.

I sabati che seguirono furono riempiti per un breve tempo dal rilassamento, che Luana apprese rapidamente, e dal racconto della sua vita.

Nulla di straordinario: una normalissima storia di infanzia in una altrettanto normale famiglia. L'unico particolare straordinario era l'acredine con cui Luana parlava del padre. Tallonata dalle mie domande, rincarava la dose, ma le motivazioni e i fatti raccontati erano esigui rispetto alla rilevanza dei suoi sentimenti. Avevo intanto progettato di estenuarla nel prolungare ostinatamente il discorso sperando che si rendesse conto dell'esagerazione di cui era vittima. Ma non funzionò.

Poi mi resi conto che la sua storia non era diversa da tante altre vicende di guerra di coppia, dove i figli meno arrendevoli intervengono in favore di quello che fra i due ritengono vittima dell'altro. La diagnosi non era sbagliata, perché Luana parlava della madre come di una sua protetta, che costantemente doveva soccorrere.

Quando ritenni che Luana avesse risvegliata e verbalizzata tutta la sua rabbia contro il padre, calai la mia solita provocazione ... e fu una bomba!

«Luana hai una sola via di uscita: perdonare tuo padre.»

Quello che ne seguì non è certo descrivibile nei normali contorni di gentilezza e fairplay che ci dovrebbero essere fra paziente e terapeuta.

Ma né io e né lei indietreggiammo di un sol millimetro dalle nostre posizioni. Anzi lei interpretò la mia proposta come un tradimento.

Ci salutammo dimenticandoci di concordare l'appuntamento per l'incontro successivo. In macchina mi chiesi se fosse il caso di sopperire alla dimenticanza con una telefonata, ma poi pensai che fosse meglio attendere la sua iniziativa.

Il silenzio durò fino al giovedì successivo. Luana con voce scoppiettante e leggera mi raccontò al telefono il suo mercoledì.

Cosa era successo? Ci aveva ripensato, perché la mia proposta le aveva tolto il sonno anche dei sonniferi. Allora quel mercoledì mattina aveva chiamato il padre, ma non per fargli la solita tirata cattiva, bensì per invitarlo a prendere quella sera una pizza con lei.

Poi aveva passato tutta la giornata a prepararsi il discorso. Ma davanti a due fumanti pizze, una coca ed una birra, tutto era saltato. Le erano uscite poche parole di perdono e di riconciliazione e poi tutto si era risolto tra le lacrime nelle braccia l'una dell'altro. Ora si sentiva leggera, felice e stanca. Voleva dormire, sapendo che il risveglio sarebbe stato sereno e pieno di luce. Il sabato successivo non ci incontrammo e né gli altri. Era sufficiente qualche chiacchierata al telefono. Luana ebbe presto ragione di tutti i farmaci che prendeva. Ma la telefonata più bella fu quella in cui mi annunciò d'essere nuovamente incinta.

Luana era tornata ad essere figlia e poteva diventare nuovamente madre.

Innocenza

Ho alzato la mia mano al cielo
per rubare una stella
e l'innocenza mi ha detto:
"Non toccare le stelle,
sono lacrime d'amore!"

Allora ho scavato la roccia
per rubare i diamanti,
ma l'innocenza mi ha pregato:
"Non toccare le pietre preziose,
sono pensieri d'amore!"

Volevo cogliere per me
tutti i fiori della terra
e di nuovo l'innocenza ha soggiunto:
"Non spezzare mai alcun fiore,
sono atti d'amore!"

Poi ho teso le reti
per catturare il volo
e l'innocenza mi ha sussurrato:
"Non sfiorare le ali,
sono i passi del cuore!"

Allora mi sono seduto
ed ho pensato a te
e l'innocenza allora mi ha permesso:
"Prendi pure quello che vuoi,
tutto appartiene a chi ama!"

Capitolo X

INNAMORAMENTO E AMORE

Emozione, passione e atteggiamento

L'amore e l'innamoramento fanno parte di quegli aventi con la maggiore aspettativa di felicità. Se non che in questo ambito relazionale si consumano vicende fonte invece di grande sofferenza.

L'argomento riempie il quotidiano chiacchiericcio ed cicaleccio televisivo rivelando però, un diffuso analfabetismo che naufraga nella diseducativa confusione mediatica.

Per comprendere quanto andrò affermando sarà necessario aver chiara la differenza fra queste tre manifestazioni emotive: l'emozione, la passione e l'atteggiamento.

Già nel primo capitolo ho spiegato quanto qui riporto. "Il funzionamento dell'emozione si svolge secondo la sequenza che i teorici dei sistemi di flusso hanno spiegato abbondantemente all'inizio del secolo scorso. Il flusso è descrivibile in quattro momenti fondamentali tra loro intimamente connessi, che interagiscono reciprocamente attivando la funzione successiva, come segue:

$$input \rightarrow valutazione \rightarrow attivazione \rightarrow output."$$

Ora tutte le manifestazioni emotive condividono la sequenza descritta.

All'apparire di uno stimolo immediatamente si attiva in noi un'emozione, che poi va a scemare con la scomparsa del medesimo. Se passiamo davanti alla vetrina di una pasticceria può accadere che la nostra bocca venga impastata dall'acquolina, ma passati oltre dopo un po' il fenomeno va a cessare, perché l'attrazione si acquieta in assenza dello stimolo rappresentato dalle meravigliose leccornie esposte. Ma se in questo momento vi ascoltaste, notereste che anche nella vostra bocca la saliva è aumentata, perché lo stimolo proveniente dalla rappresentazione mentale delle ghiottonerie può essere anche di tipo mnestico e non solo sensoriale esterno.

A farla breve l'emozione dura il tempo dell'esposizione sensoriale o mentale allo stimolo attivante.

Può accadere però, che il fenomeno emotivo sia così carico di interesse che continui e si alimenti oltre il tempo dell'esposizione allo stimolo (input) e perduri, nel qual caso non si parlerà più di emozione, bensì di passione.

Il nostro passeggiatore è stato talmente colpito ed affascinato dalle golosità e prelibatezze pasticcere che continua ad emozionarsi ricordando, ruminando e fantasticando, tanto che comincia a prender corpo nella sua fantasia l'idea di far questo mestiere: è nata una passione!

Differentemente dall'emozione la passione perdura nel tempo anche in assenza dello stimolo esterno. Inoltre la valutazione viene potenziata attraverso un'attenzione selettiva per l'oggetto attrattivo, tanto da diventare ipervalutazione.

Si sa che le passioni non possono mantenere il grado di eccitazione iniziale e che la loro carica attivante vada nel tempo acquietandosi per assumere un aspetto più fattivo e meno emotivo.

È nato un atteggiamento nuovo!

Quella che era inizialmente un'emozione, poi divenuta passione, si è trasformata in un atteggiamento di vita. Il nuovo fenomeno emotivo non perde l'emozione e la passione, che attenuate vengono incluse nell'atteggiamento del fare il pasticcere.

Cos'è accaduto? L'input iniziale dell'emozione, diventato lo stimolo forte della passione, ora è la spinta preclusiva dell'atteggiamento. Il mestiere di pasticcere è diventato "il mestiere della sua vita", quello che preclude ogni altro mestiere possibile.

La sequenza che si ricava da questo riflettere è:

emozione → passione → atteggiamento.

Si tratta della sequenza fondamentale che governa ogni processo emotivo di trasformazione della vita e quindi anche il misterioso viaggio dell'amore umano, descritto così:

attrazione → innamoramento → amore.

Innanzitutto osservando la sequenza si noterà subito una chiara distinzione fra i tre fenomeni e come il discettare sussiegoso di tanti "maître à penser" sia purtroppo frutto d'una mancata e approfondita riflessione sull'argomento, tanto che si usino indistintamente i termini amore e innamoramento per indicare due fenomeni intimamente diversi.

E partiamo dall'attrazione, da quella spinta o propensione (tropismo) che ogni essere vivente ha verso il mondo, senza la quale non c'è curiosità, ricerca, desiderio, attenzione che muovano (notare che emozione viene dal latino *e-moveo*, muovere dall'esterno) a soddisfare i bisogni.

Nei rapporti con i suoi simili l'essere umano è mosso da tre propensioni fondamentali: l'attrazione affettiva e sessuale, la simpatia e l'empatia.

Quando è preponderante l'attrazione sessuale si determina, secondo la teoria dell'attaccamento (Bowlby 1973), il sistema che porta all'accoppiamento, tipico della **relazione sessuale**, la quale in presenza di piacere, fiducia ed affettività dà il via agli innamoramenti e alla formazione della coppia: ben compreso che non si può ridurre la relazione di coppia al solo fatto sessuale.

La relazione sessuale sta all'inizio dell'eterno gioco dell'attrazione, dell'innamoramento e dell'amore.

Ogni relazione affettuosa ha un suo nucleo che la distingue dalle altre e l'alimenta. Se l'attrazione sessuale fa da motore alla relazione medesima, la forza del mantenimento è determinata dalla **reciprocità** e dalla **esclusività**, le quali configurano un legame forte fra due soggetti. Reciprocità ed esclusività determinano la **corrisposta**.

Quando invece uno dei due viene relegato a oggetto, allora la relazione diventa spiacevole ed assume il carattere opportunista dello sfruttamento sessuale ed affettivo, o l'ostilità della gelosia patologica, oppure la distruttività dello stupro e della pedofilia. Tradimenti e promiscuità minano la reciprocità e l'esclusività della relazione intima. Sebbene la cultura tenda ad accettare la libertà sessuale, da un punto di vista emotivo-relazionale ciò non si dà, perché la conseguenza è sempre sgradevole, genera sofferenza, ostilità e spesso distruttività, anche se la cultura e le leggi cercano di mitigare l'evento della separazione.   La reciprocità e l'esclusività impongono quello che un detto famoso continua a ripetere: *"Non si scherza con i sentimenti!"*

La relazione sessuale precede e determina le azioni intime. La gamma è molto ampia. Si va dal corteggiamento, al dialogo fatto dai linguaggi dell'amore (Chapman G. 1995), della rassicurazione, dei doni, dei momenti speciali, dei gesti di servizio e del contatto fisico.

La convinzione diffusa che l'attrazione intima sia alla base della relazione d'amore è molto riduttiva. In effetti l'attrazione è la scintilla che accende i fuochi, ma poi anche le altre propensioni umane, come la simpatia e l'empatia, entrano prepotentemente in gioco.

Quando nella relazione interviene la **simpatia** e la **fiducia**, allora nasce l'attaccamento che genera l'**amicizia**.

Il legame della relazione amicale è anch'esso alimentato dalla **reciprocità** come nella relazione sessuale, ma a differenza di quella non è esclusivo, non presuppone impegni specifici che limitino la libertà di scelta e di comportamenti delle persone coinvolte. Al contrario esige la **parità**, il **rispetto**, la **stima** reciproci in coerenza con la fiducia. Normalmente l'amicizia parte con la simpatia che sorge dalle circostanze.

Quando si consolida nel tempo, quando diventa confidente, allora si stabiliscono i legami di **complicità** e di conoscenza reciproca, tanto da poter parlare d'intimità paragonabile a quella della relazione di coppia, con l'esclusione ovviamente della dimensione sessuale.

Reciprocità, parità e complicità formano quel legame fortissimo che alimenta le **azioni solidali** dell'aiuto, della cura, del dialogo, della condivisione e del gioco. La relazione amicale ha la sua origine nella simpatia, in quel sentire comune e condiviso tipico della solidarietà. Al suo contrario troviamo l'**ostilità,** alimentata dal sospetto, dalla paura e dalle emozioni di area della rabbia e genera il **tradimento.**

Quando nella relazione compare l'attrazione empatica tipica dell'accudimento, della solidarietà e della benevolenza, si ha la **relazione di cura.** La relazione sessuale, l'amicizia e la cura sono tutte e tre relazioni positive, ma la cura è al livello più alto. Rientrano in questa categoria relazionale le pagine umane e culturali più elevate della pietas romana, della misericordia cristiana e mussulmana e della compassione buddista.

Il termine cura rimanda al guarire e in un senso più ampio al **prendersi cura.** La cura sta nel cuore della relazione filiaca. Illumina la presenza e l'apre all'altro. Un'esistenza senza cura è fondamentalmente assenza, un non esserci, un non appartenere!

La condizione originale della gestazione ci racconta di un grembo che si cura di generare un figlio. La prima appartenenza, quella genitoriale, ha nel cuore la cura. L'educare e il crescere sono dentro la cura. Ma anche l'amore di coppia o la solidarietà e l'amicizia non sarebbero tali se non includessero la possibilità della cura.

Fin dall'antichità la coscienza umana nei suoi miti e credenze mette la cura all'origine. Il primo attributo biblico della divinità è la misericordia, che nell'etimologia del termine originale significa "farsi grembo", mentre il mito greco pone Giove all'origine dello spirito che a lui tornerà dopo la morte, la Terra riceverà il corpo, ma in vita è Cura che plasma e possiede il corpo.

Nella cura si distinguono due atteggiamenti fondamentali: l'occuparsi e preoccuparsi, le quali sono all'origine della

premura, che è il precedere il bisogno dell'altro, e della **devozione**, che è l'esporsi anche alla inutilità per il semplice fatto che l'altro ci riempie di senso.

La positività della relazione di cura sta nel **sentirsi dentro un processo di autorealizzazione**: padri, madri realizzati e persone capaci di dono. Da qui nasce quella sollecitudine che attenua il tempo, la fatica e dona quella serena pienezza. Naturalmente qualora nella relazione di cura fosse presente la **gratitudine** la positività guadagnerebbe in intensità.

Cura è la dimensione della concretezza dell'amore ed i figli o coloro che sono curati lo sanno, perché non vedono la cura, ma sentono l'amore che questa trasporta!

La cura è disponibilità ricettiva, non selettiva. Sono i bisogni dell'altro che sollecitano, non quello che piacerebbe fare. Perciò è un sentire intelligente, che legge dentro, secondo un pensare emotivo denso, che nasce dall'ascolto, non dalla selezione. Nella cura vince il principio del dialogo, dell'ascolto, cioè il sostenere il desiderio dell'altro ad essere pienamente e a crescere. Perciò la cura dev'essere empatica, un mettersi in relazione stando in disparte, avendo riguardo, perché è dall'empatia che nasce la forza della cura.

Non è solamente la crescita fisica a passare per la relazione di cura, nel qual caso si dovrebbe parlare di mero accudimento, ma lo è ancor di più l'apprendimento culturale. L'aspetto emotivo della cura, determinato dall'apprendimento dei sentimenti, dall'educazione emozionale, in particolar modo dell'empatia, promuove quel pensare forte del cuore che sta alla base della capacità di attribuire valore, del discriminare non solo con intelligenza, ma soprattutto con sapienza.

Il prendersi cura deve dunque, esser principalmente **una presenza piena dell'assenza di sé**, un saper attendere sicuri, senza aspettative, un essere massimamente presenti all'assenza di sé. Il genitore, l'insegnante, il medico, l'infermiere, il psicoterapeuta e chiunque sia dentro una relazione di cura ed abbia troppo presente il proprio successo, i propri impegni, sé stesso, è inevitabilmente assente: **non cura**, ma **trascura.**

La forza della cura è fornita dall'**attrazione empatica**, la quale ha il suo corrispettivo cerebrale nei neuroni specchio, capaci di leggere e rispecchiare le emozioni dell'altro come se fossero proprie. Ciò consente quella consonanza che è in grado di intuire e capire il bisogno dell'altro ed attivarsi di conseguenza. Il **bene dell'altro** dà vita a quel **guadagno di significato** che nutre il bisogno spirituale più alto della persona umana.

Superato e risolto il primo stadio dell'attrazione attraverso il corteggiamento, il cercarsi, il rincorrersi, fatti di ricerca di vicinanza, del toccarsi, e magari dell'annusarsi (l'odore reciproco è spesso decisivo), può accadere che parta la passione, cioè l'innamoramento.

Mentre nell'attrazione il protagonista è l'IO, il quale si dà da fare a cercare, a desiderare, a creare situazioni. Ora diventa preponderante il TU.

Immaginate una Lei ed un Lui che si incrociano. Parte uno sguardo che dura una frazione piccolissima più del solito guardarsi intorno, ma tale da far sentire l'altro/a sotto attenzione: è partita l'emozione! Che fare? Ascoltarla? Se il gioco parte e prende energia tanto da superare ogni obiezione interna o esterna, le polveri si accendono ed il TU copre l'orizzonte al punto che non si pensi e non si veda che l'altro/a dimenticandosi di se stessi.

Nell'attrazione l'altro/a viene distinto in mezzo alla folla, diventa polo attrattivo, ma nell'innamoramento diventa tutto, copre l'orizzonte, i due sono uno davanti l'altra in modo da riempire la visuale. Il TU esercita una tale forza, un fascino che sequestra emotivamente l'IO.

Qualche anno fa ho letto di uno studio fatto sul funzionamento del cervello dell'innamorato. Lì si raccontava, e non ho dubbi nel ritenerlo verosimile, che l'immagine ricavata è simile a quella del cervello d'un depresso. In effetti nell'innamoramento il livello critico viene molto inibito. La valutazione dell'altro/a è secondo il detto che "l'amore è cieco", e mia madre aggiungeva che era pure "orbo!"

Che cosa accade nell'innamoramento, o se vogliamo, nella passione? È il tempo in cui si forma il legame profondo, direi che è il momento "dell'imprintamento" dell'altro/a. L'affettività si concentra, anzi viene sequestrata dal TU al punto che si generi un'appartenenza: si comincia ad usare i termini "mio, mia" intesi come "solo mio, solo mia".

In questa fase non è forte solamente l'attrazione, ma comincia a partire la complicità tipica dell'amicizia ed il preoccuparsi dell'altro/a dell'empatia.

Non c'è solo l'attrazione intima, ma si fanno le prove d'amicizia e si verifica la capacità di cura.

Il fallimento dell'innamoramento il più delle volte è provocato dalla mancata amicizia o cura fra i due, anziché dal cessare dell'attrazione.

L'innamoramento è temporaneo. Gli autori scrivono d'un tempo non superiore ai due anni. La sua funzione è di preparare e generare l'amore, cioè il tempo duraturo del NOI. Una volta maturata una buona intesa intima, una complicità affettiva e mentale, ed una disponibilità a prendersi cura l'un dell'altra, si può **scegliere** di guardare nella stessa direzione. L'IO ed il TU sono ora uno a fianco dell'altra, mano nella mano, un NOI che va verso ciò che i due hanno maturato durante l'innamoramento.

Si è realizzato il passaggio dalla **passione** alla **predilezione**, la quale mette sempre al primo posto l'altro/a attraverso "il tu sei la donna, l'unica con cui voglio 'camminare' la mia vita" ed "il tu sei l'uomo, l'unico con cui voglio 'camminare' la mia vita".

Il vocabolario insegna infatti, che la predilezione è l'anteporre una persona ad altre in ambiti concreti o nella considerazione e nell'affetto personale. Nel NOI della coppia l'Altro/A è termine di consonanza e di relazione continue, le quali stanno prima di ogni altro rapporto e connessione in modo **preclusivo**, come si dà appunto nell'atteggiamento profondo.

L'aspetto di passione si attenua, mentre diventa preponderante l'**assieme** d'un sentire, fare e pensare in vista di uno stesso progetto di vita. Amore è qualcosa di profondamente diverso e superiore all'innamoramento. Chi scambiasse l'innamoramento per amore è soggetto a passare ciclicamente da una relazione ad un'altra, come l'esser schiavo di in un'eterna adolescenza narcisistica, talvolta distruttiva.

Conclusioni

Amore non è dunque attrazione e passione. L'amore le include, ma le supera.

Il suggerimento che nasce alla fine di questo scrivere è:

"Se desideri essere felice, ascolta l'emozione che ti coglie e si fa passione,
perché questi sono gli scalini da salire per arrivare all'amore.
Ma poi non dimenticar mai che l'amore è un guardare insieme,
mano nella mano, nella stessa direzione."

Finita queste considerazioni, vi propongo un ulteriore riflessione ricavata da una immagine da tempo scaricata da Internet. Non riesco a risalire all'autore, al quale va il mio ringraziamento. Ognuno faccia le opportune osservazioni per scoprire in quale scalino si trovi.

La scala dell'amore

Osservando il gustoso quadretto si vedrà come nel tempo le modalità dell'amore cambino profondamente, e come solo all'ultimo scalino si possa attribuire un valore di veridicità alla parola amore. Inevitabilmente tutti noi assegniamo all'Altro un ruolo che staziona nel nostro cuore e nella nostra mente.

Il modello qui presentato, semplifica enormemente gli atteggiamenti, ma nella sua immediatezza può chiarire ad ognuno quanto spesso lo stile interattivo ed affettivo personale, che intratteniamo con gli altri, mimetizzi le motivazioni meno confessabili.

A modo quindi di esempio e suggestione andiamo a leggere.

L'Altro è oggetto da cui ricavare e ricevere, così pensa il neonato, ma anche lo **sfruttatore**. Il suo stile è caratterizzato dal porsi nella relazione con l'Altro in modo parassitario: *"L'Altro mi serve! L'Altro è funzionale agli scopi che io perseguo! L'Altro deve comportarsi come io mi aspetto!"*

L'Altro è mio, preda dei miei bisogni ed intenti pensa il **cacciatore**. Il suo stile è un porsi nella relazione con l'Altro in modo dominante: *"Sono io che decido! Tu devi fare come dico io, se vuoi che tutto vada bene! Comportati bene, altrimenti tutto va a rotoli!"*

L'Altro è da convincere, da manipolare, da torcere alle mie necessità, medita il **seduttore**. Il suo stile è quello del manipolatore della relazione (vedi il gatto e la volpe di Pinocchio) priva di condivisione e mirante a carpire ed indurre l'Altro ai propri scopi: *"Fidati, io so come farti sentir bene! Ti prometto che ...! Vedrai che ...! Tu sei talmente ... che non puoi fare diversamente dalle mie aspettative ...!"*

L'Altro è scambio nel "do ut des" della vita, vuole **il mercante**. Il suo stile è caratterizzato dal porsi nella relazione con l'Altro in modo contrattuale per convincerlo ai propri scopi: *"Se farai così, allora vuol dire che mi vuoi bene, sei bravo, intelligente, ed è nel tuo interesse! Il suo pensiero dominante è: "Cosa ti vendo? E come?"*

L'Altro è un sogno nel mio fantasticare sentimentale, s'illude **l'idealista**. Il suo stile è molto sentimentale, irenico, a volte poco realista e camaleontico per non contraddire l'Altro alla stregua del *"Volemose ben!* Il suo pensiero dominante è evitare il conflitto a scapito spesso della verità e della giustizia.

L'Altro è un dono per **l'Uomo** che sa amare. Lo stile dell'uomo capace di interazione profonda, pone nella relazione l'Altro ed il suo bene in primo piano. *"Mi importa soprattutto il tuo bene! Questo è il mio scopo!"*

Indubbiamente tutte queste modalità sono presenti nei vari rapporti della vita quotidiana, ma in amore una sola merita un tal nome, quando l'Altro è vissuto come dono e ci importa soprattutto il suo bene.

L'amore di coppia ho scritto esser caratterizzato da alcuni irrinunciabili elementi, come l'amicizia, l'attrazione fisica, la comunione di cose ed intenti ed il sentimento empatico di connessione intima.

Le componenti dell'amicizia sono **la complicità**, che è quel essere sempre dalla parte dell'altro, quel intendersi al volo e quel cercare l'accordo con lui/lei, prima che con altri; **la ludicità** *(da ludus, gioco)* espressa dal piacere giocoso dello stare insieme e dal fare con piacere tante cose insieme; **il prendersi cura** in modo empatico dell'altro, arrivando persino all'accudimento *(ricordare che il contrario è trascurare)*; **l'ammirazione e la stima** che fanno pensare di aver fatto un buon affare nel senso più ampio del termine *(sono stato/a fortunato/a a sposarlo/a)*. Il segreto del re è nel saper fare dell'altro/a un re o una regina.

E, non meno importante, è l'affettuoso rispetto che nasce dal timore di turbare il rapporto e rattristare l'altro, come si fa tra amici. Al contrario, quando cessa l'amicizia, l'ostilità è espressa attraverso gli episodi di infedeltà e di tradimento, i quali segnalano la mancanza di affiatamento nella coppia.

Sesso, tenerezza, affettività, scambio amoroso, vivacità, contatto fisico sono tutti elementi che esprimono **attrazione fisica**. Ma non si deve ridurre mai l'attrazione fisica al solo sesso. Il prendere per la mano, il guardarsi negli occhi, le carezze affettuose, il poggiare la mano sulla spalla o il leggero tocco sulla testa e l'abbraccio sono solo alcune delle principali modalità di espressione dell'attrazione che illuminano di gioia la relazione.

È importante capire che il sesso attiene alla azioni: si dice far sesso! L'amore non è azione, ma relazione. Infatti fare sesso dà soddisfazione, piacere, gioia, ma è l'amore che dà felicità! La sessualità dentro l'amore è dono sacro, fuori è un usarsi reciprocamente o addirittura sfruttamento e violenza.

Quando manca l'amorosa tenerezza presto compare il fastidio per la presenza fisica dell'Altro. Ma non va dimenticato che il rifiuto può essere originato anche da conflitto psicologico, piuttosto che da mancanza di attrazione. Più delle altre caratteristiche l'assenza di tenerezza e attrazione può nascostamente determinare la fine del rapporto.

La comunanza di cose, propositi e progetti comuni, il senso della vita condiviso, i valori simili, un voler il bene e la crescita dell'altro sono i vari aspetti che coniugano il **senso di comunione** della coppia. Vivere insieme le stesse cose e la stessa visione è alla base del noto proverbio: "Donne e buoi dei paesi tuoi!" Il fallimento ricorrente dei matrimoni misti sta tutto nella mancanza di questo vettore, che è alla base della comunione nella coppia.

La mancanza è segnalata dal disaccordo che determina continue e affaticanti mediazioni. C'è la fatica continua a trovare l'accordo tra diverse visioni della vita ed aspettative discordi. Si tratta del continuo esercizio della pazienza e, soprattutto, di stabilire **patti chiari** fin dall'inizio.

Il contemporaneo sentimento di libertà e di legame, la certezza interiore del reciproco rapporto determinano il sentimento intimo di appartenenza, **la connessione intima.** Vi è una frase che suggerisce lo stato psicologico di questa situazione: *"Con te mi sento a casa!"* oppure, *"Con te andrei dovunque, anche in capo al mondo!"* E questo a me sembra esser il vero amore di coppia.

La preservazione di questo aspetto profondo dell'amore è data dal **dialogo** continuo, dalla **confidenza**, dal **pensare e pregare insieme.** La preghiera fatta insieme, mano nella mano, vivifica il rapporto coniugale. La preghiera fatta insieme intensifica l'intimità. La mancanza di connessione è segnalata dal sentimento di **solitudine** che appare anche in presenza dell'altro. Sentirsi soli, essendo vicini ad una persona con la quale si mangia e si dorme, è il segnale che la comunicazione si è interrotta a livello affettivo.

La fuga nel silenzio o in altri comportamenti di oblio, come fumo, alcool e altri allontanamenti, cominciano dalla caduta di questo vettore d'amore.

Competenza di coppia

La competenza di coppia è determinata dall'abilità dello stare insieme con amore e dalla capacità di reintegrare ogni strappo, guarendo le ferite inflitte al legame. L'amore si nutre con la gratitudine e si risana con il perdono. L'assenza della prima determina il bisogno riparatore del secondo. È bene possedere ambedue le competenze, ma tanto la gratitudine più è alta e meno ci sarà bisogno di ricorrere al perdono!

Il segreto della gratitudine risiede nella percezione dell'altro come dono, il quale è inaspettato, gratuito, misterioso, cioè provvidenziale, chance; è sacro, portatore di un significato per me, mai del tutto mio, perché regalato!

La gratitudine nega la schiavitù del dovere e del ruolo, i quali rimandano sempre agli obblighi connessi. Si dice che la moglie ha l'obbligo di … ecc. ed il marito il dovere di … ecc. Lui deve … lei deve … Ma essere marito e moglie non è un dovere, bensì una scelta. **Non si ama per dovere, ma per scelta.**

Ogni mattina quando ci si sveglia non si va a fare il marito o la moglie, ma bensì ogni mattina si sceglie di amare. L'amore nasce dalla scelta di stare insieme, non dall'assunzione di un dovere! Dalla scelta nasce la richiesta, dal dovere la pretesa. La richiesta comprende il sì ed il no, mentre la pretesa obbliga all'accondiscendenza.

Non si può pretendere d'essere amati e ne si può obbligare ad amare.

In amore tutto si chiede e nulla si pretende. Nulla è dovuto e tutto è donato.

Perciò il ringraziare, l'apprezzare e l'incoraggiare testimoniano l'amore, mentre il pretendere dice che il ruolo è andato a sostituire con i suoi doveri quel amore che un giorno aveva unito le due persone.

Scegliere di amare è anche perdonare, cioè liberarsi del risentimento e della delusione. Tutto questo è possibile considerando come storia gli accadimenti passati e come informazione sui comportamenti da evitare. Andare verso la punizione dell'Altro è un ascoltare la delusione e farsi dominare dalla voglia di rappresaglia che avvia verso la divisione.

La responsabilità è invece l'altra possibilità e certifica la maturità.

Ma il perdono non è un atto, ma una abilità che si espleta con l'attenzione a puntare sull'aspetto di comunicazione, cioè al "desidero capire!" perché dietro l'errore c'è il limite.

Poi viene l'accettazione che ci restituisce la dignità ed impedisce al rifiuto e al senso di colpa di travolgerci con "accetto il limite".

Quindi l'accoglienza che ci rende responsabili ed intimi ed impedisce l'odio ed il rancore con il "scelgo di non odiare!"

Alla fine del processo viene l'innocenza che ci rende liberi, restituendoci lo stato di flusso con l'abbandono definitivo di ogni tipo di vendetta. Ed allora **"scelgo d'esser libero di provare amore per te!"**

È bene ricordare che il perdono non attiene alla giustizia: il male rimane tale per sempre e non viene estinto dal perdono. Colui che arreca una ferita rimane responsabile del male commesso.

Il perdono è la scelta di non odiare e di continuare ad amare, per essere liberi dal sentimento distruttivo dell'odio.

Una coppia che fa della gratitudine il pane quotidiano dello stare insieme, è anche capace di saper apprezzare il dono dell'altro al punto che il perdono rientri nello stile della loro relazione.

Amore

Questo pensiero,
così leggero,
danza di fanciulla,

questa fragranza,
così forte,
profumo di fieno,

questo canto,
così triste,
lamento di capinera,

questo desiderio
ancora solo,
aggrappato al silenzio,
nuvola contro il cielo,
così piccolo,

quest'onda
contro il tempo,
così timida,

questa bianca conchiglia
per le tue lacrime,
così fragile,

questo amore,
che non sai bere,

queste viscere
di fuochi mai sopiti,
così calde,

questo grido,
mai spento sulle labbra,

è tutta la ricchezza

che ho.

Apri le tue mani, le ali,
le tue braccia, le fronde,
perché voglio adagiare
questo amore
all'ombra del tuo sguardo.

Capitolo XI
L'AGIRE FELICE

La motivazione

All'inizio del libro si è riflettuto sul fatto che è unicamente la relazione positiva che genera la felicità, mentre l'azione può dare la gioia.

Sappiamo tutti però, che esiste un agire felice, un agire che dà energia ed entusiasmo e regala alla persona che lo possiede un carisma evidente.

Se, come è evidente, non è l'azione in se stessa a produrre la felicità, allora il segreto è da cercare da un'altra parte. La risposta ci viene suggerita dal modello di flusso presentato al primo capitolo.

L'azione può è essere sollecitata sia dagli input provenienti dall'ambiente, dal corpo dalla memoria e dall'omeostasi, ma anche da un altro punto di vista in senso opposto dai bisogni umani, cioè dalla motivazione.

Un topolino si rifugia nella tana sotto la spinta emotiva della paura, ma ha costruito la medesima tana sotto la spinta motivazionale del bisogno di sopravvivenza. Scavare una tana comporta una fatica difficilmente definibile felice. Ma potrebbero esserci delle motivazioni che sono portatrici di felicità, si tratta di identificarle partendo dal funzionamento della motivazione.

Il sistema di flusso della motivazione è analogo a quella dell'emozione: cambiano solo gli input.

Nell'emozione gli input giungono da fuori, mentre nella motivazione da dentro, cioè dai bisogni dell'organismo vivente.

I bisogni umani

I bisogni si suddividono in bisogni biologici, bisogni psicologici e sociali, e bisogni spirituali.

I bisogni biologici includono i bisogni fisiologici, i bisogni di sussistenza, di preservazione, di sopravvivenza che attengono ad ogni essere vivente, la cui mancata soddisfazione conduce alla perdita della vita. Sono chiamati anche bisogni primari.

Fa parte di questi bisogni anche la riproduzione, per cui l'individuo rischia o anche perde la vita per riprodursi.

I bisogni psicologici e sociali comprendono i bisogni di sicurezza, salvezza e protezione, i bisogni d'appartenenza e d'amore che includono l'affiliazione, l'accettazione e l'affetto. I bisogni di autostima comprendono la competenza, l'approvazione ed il riconoscimento e riguardano il livello soggettivo. Sono in minima parte presenti già negli animali sociali superiori e nell'uomo rivestono un'importanza decisiva per il proprio sviluppo, equilibrio e sopravvivenza.

Il bisogno di autorealizzazione si trova fra i bisogni psicologici e quelli spirituali, perché comprende il bisogno di successo dell'autorealizzazione, sia la spinta a sviluppare al massimo le proprie capacità nel perseguimento delle proprie ambizioni, che sono bisogni fondamentalmente psicologici e sociali, e il bisogno spirituale di perfezione a diventare la persona unica che potenzialmente si è.

Lo psicologo americano Maslow, a cui si deve lo studio migliore sui bisogni umani, situa la possibilità dell'autorealizzazione in età relativamente avanzata perché richiede la capacità di guardare al presente con chiarezza, l'esser obbiettivi rispetto al proprio passato e l'abilità nel prevedere il futuro, tutte cose che aiutano ad attribuire un significato sereno alla propria esistenza.

I bisogni biologici ed i bisogni psicologici e sociali vengono definiti bisogni fondamentali o da carenza, perché sottostanno alla necessità d'esser soddisfatti, mentre i bisogni spirituali sono bisogni di crescita, altrimenti definiti metabisogni, distinti fra bisogni cognitivi di conoscenza e simmetria e bisogni etici ed estetici di bontà, bellezza, verità e giustizia. È a questo livello che si avvererebbe l'autorealizzazione.

Personalmente trovo più chiaro distinguere i bisogni spirituali fondamentalmente nei tre: il bisogno di senso, il bisogno di significato ed il bisogno di finalità, i quali appartengono a quel livello personale dell'uomo che lo distingue da qualunque altro animale.

Il bisogno di senso spinge alla comprensione del mondo e include i bisogni cognitivi di simmetria e di ordine, quelli propri della conoscenza e della comprensione dell'ambiente. Risponde ai nessi di causa ed effetto e al bisogno di prevedibilità degli eventi.

Si parla spesso di buon senso, cioè di logicità, razionalità e verità, che sono requisiti per potersi intendere. È da questo bisogno che è nata la matematica, le scienze, in parte anche la filosofia che fa da confine fra questo bisogno e l'altro di significato.

Il bisogno di significato, è il bisogno che da vita a tutte le domande circa il perché del mondo e dell'esistenza. Include i bisogni etici ed estetici, legati alla bontà, alla bellezza, alla verità e alla giustizia, anche se ordine, simmetria e bellezza si riscontrano in qualche forma anche in culture animali, ma sono bisogni legati più a modalità etologiche funzionali alla sopravvivenza e all'accoppiamento.

Il bisogno di significato si nutre dei valori, la cui realizzazione riempie di felicità e di serenità.

Senso e significato sono due aspetti intimamente connessi, uno fatto di conoscenza dei suoi oggetti e l'altro dei valori connessi. Il senso è la razionalità, il significato l'anima e la finalità la meta.

La mancanza di senso e significato umilia la vita e la impoverisce. La mancanza di finalità invecchia lo spirito e accelera la lenta decadenza cerebrale.

La mancata realizzazione del bisogni di senso genera la confusione mentale, mentre l'assenza di significato e finalità la disperazione, e la loro disattesa i sensi di colpa.

Recentemente si parla sempre di più del bisogno di trascendenza, il bisogno che genera il sentimento religioso già presente fin dall'inizio della storia dell'uomo sotto forma di riti, sacrifici, credenze e visioni del mondo. Le religioni più moderne rappresentano l'esigenza di rispondere ad un bisogno di significato che vada oltre l'ambito della caducità mondana e temporale.

Tutta la ricerca umana si basa sul presupposto che ci sia un significato da scoprire ed una finalità da realizzare. Le strade che portano al significato sono molteplici, ma tutte più o meno consapevolmente aspirano alla felicità.

L'agire che nasce dalla motivazione che ha per input i bisogni biologici genera soddisfazione e piacere. Se abbiamo fame e ci nutriamo con buoni cibi, proviamo piacere e poi siamo soddisfatti. Come pure siamo soddisfatti dopo un buon sonno o quando riceviamo il giusto compenso per il nostro lavoro.

L'agire che risponde ai bisogni psicologici e sociali genera piacere e gioia. Se siamo soli e ci viene a trovare un amico allora proviamo gioia. Come pure la nostra gioia sale alle stelle dopo una grande vittoria o al conseguimento di un grosso risultato.

Ma quand'è che l'agire si riempie non solo di gioia, ma anche di felicità?

Quando l'agire è mosso dalla motivazione che ha per input i bisogni spirituali.

Quando l'agire è ricco di senso regala serenità e sicurezza. E ancor di più ciò accade in presenza di un significato, sia esso d'amore, di bene, di verità, di giustizia, di bellezza non fa differenza, importante è che l'intenzione sia ricca di valore, di significato e di finalità.

Ora l'intenzione che sta dietro l'agire è cosa che riguarda la coscienza, la quale è l'emergere al pensiero della relazione. Quando infatti mi chiedo perché faccio quel che faccio, sto facendo coscienza. E io, soltanto io, sono competente e so quale motivazione mi muove e in quale relazione sono con quel che faccio.

Gli altri vedono le mie azioni, ma solo io conosco l'intenzione che le muove.

Dare un bacio è azione identica in se stessa al di là dell'intenzione che lo genera. Baciare per interesse o per amore non cambia l'azione, ma il primo è un bacio di Giuda ed il secondo è felice.

Il nostro agire non è comunque mai disgiunto da un interesse. Ciò che fa dell'interesse una motivazione negativa è quando assurge a motivazione unica escludendo le altre.

Si può lavorare per lo stipendio (motivazione primaria), per la propria autorealizzazione (motivazione secondaria), ma anche per il bene delle persone amate, per la propria dignità, perché è giusto, è bello (motivazioni spirituali). Solo in presenza delle motivazioni spirituali accade che l'agire possa essere felice.

Il suggerimento che segue alla riflessione è dunque:

"Se desideri essere felice, cerca di agire secondo senso, valore e finalità alti, mai solo per interesse."

Godurio

Nel suo ambiente lo chiamavano tutti così, perché trovava sempre il modo di divertirsi e spassarsela in ogni situazione. Era considerato da tutti un uomo di successo. Aveva fondato un agenzia di fotomodelle e indossatrici di primissimo piano. Lui stesso le selezionava con cura. Ne aveva sposato anche più di una, ma ora preferiva non legarsi, perciò si definiva un battitore libero.

Veramente nel guardarle non provava più alcun interesse. Piuttosto gli sembravano degli attaccapanni ambulanti, magre com'erano. Ed ogni tanto rispondeva scherzando al telefono: «Pronto, agenzia attaccapanni. Quale volete?»

Quella sera circondato da una decina di loro, insieme ad alcuni dei suoi collaboratori più fidati, anche un po' gay, dopo l'ennesima sigaretta e calice di champagne, tra una sniffata e l'altra gli era capitato di sentire da una di loro, la più vivace, una strana storia. Non era il solito racconto dell'oroscoparo, della maga di turno o dell'opinione dello psicanalista. No, era l'incontro con un vecchio che viveva in montagna e che l'aveva colpita profondamente. Gli avevano fatto varie domande, ma Deborah non aveva saputo riferire che poche parole che non ricordava neanche bene. Per conto quella sera non si ubriacò come gli altri e si rifiutò di sniffare.

Godurio tornando al suo pied a terre volle restare solo e mandò in albergo la preferita di turno. Il giorno dopo dovette combattere con i postumi della serata precedente e con quel tarlo curioso che gli aveva inoculato Deborah.

Ad un certo punto della giornata in cuor suo la mandò a quel paese, ma poi la chiamò al telefonino e con qualche scusa, passando da un discorso all'altro, si fece dire dove viveva il vecchio misterioso. Allora disse alla segretaria che doveva andare a parlare con un cliente importante e che era reperibile solamente, in caso di bisogno, al numero del proprio telefonino personale.

Quando uscì dall'autostrada e si avviò verso la montagna si rese conto che avrebbe fatto meglio a venire con il fuoristrada. Da un certo punto in poi dovette abbandonare l'auto ed inerpicarsi a piedi lungo un sentiero ripido. I suoi vizi ed il fumo gli resero quel tragitto un calvario. Si sbucciò anche un ginocchio e stava per ritornare in dietro, quando da un viottolo venne fuori un uomo canuto con un fascio di legna sulle spalle e si fermò a guardarlo con compassione. Godurio domandò del vecchio e l'altro gli fece cenno di seguirlo. Arrivarono ad una baita ben curata e circondata da ordinate cataste di legna e qualche mucchio di fieno profumato pronto per il fienile.

Il vecchio lo fece entrare ed accomodare. Poi si sedette tranquillamente davanti a lui senza parlare. Godurio tentò di accendere una sigaretta, ma a mezz'aria si pentì.

Iniziò allora un lungo racconto accompagnato dallo sguardo sereno dell'altro. Ci tenne a far passare l'idea d'esser un uomo che si era fatto tutto da solo; un uomo navigato che non si era mai tirato in dietro davanti a nessuna esperienza. Nella sua vita aveva provato tutto: amori d'ogni tipo, le avventure più impensate e le conoscenze più incredibili.

Il vecchio continuava a tacere.

Godurio pian piano passò alle sue insoddisfazioni. Poi a quello schifo di vita!

«Insomma che ca..., si morse la lingua, ci sto a fare io al mondo?»

Il vecchio taceva imperturbabile.

Cominciò allora a pensare d'esser un po' ridicolo. Si vide buffo e confezionato nel suo vestito di lino profumato. Ma poi s'infastidì. E il vecchio continuava a tacere.

Non ce la fece più e sbottò: «Ma che ci sono venuto a fare fin quassù? Ma chi mi ha fatto venire?»

Il vecchio gli sorrise.

«Mi vuole dire qualcosa, altrimenti me ne vado».

Allora il vecchio aprì finalmente bocca: «Ti ho ascoltato?»

«Sì, anche troppo!»

«Ti ho guardato?»

«Sì, anche troppo!»

«Ti ho sorriso?»

«Sì, certamente!»

«Allora vai e fa anche tu altrettanto. Io ti seguirò con la preghiera».

Se c'è una persona che non ho mai vista ferma, ma sempre dentro un agire pieno d'amore, questa è mia madre, a cui è stata dedicata questa preghiera nel giorno della sua dipartita da noi.

Preghiera

Lascia, Signore, che noi suoi figli
ti rivolgiamo questa preghiera.
Guarda soltanto le sue mani...

Sono mani che hanno accolto
l'abbondanza della nostra vita;
mani che ci hanno accarezzato;
mani che ci hanno nutrito;
mani che hanno guidato il primo segno di croce.

Sono mani cariche di lavoro;
mani che hanno sempre unito con discrezione;
mani piene di gioiosa tenerezza per ogni
bambino;
mani generose verso ogni povero;
mani fiduciose nella tua Provvidenza,
che rimanevano giunte nella preghiera per tutti.

Tu le conosci, o Signore, perciò d'ora in poi
accarezza e stringi le sue mani per noi.

Capitolo XII
INVIDIA E GELOSIA

Frenesia ed invidia

L'invidia e la gelosia sono le emozioni tra le capaci di togliere la speranza di felicità. La radice profonda che le alimenta è la frenesia.

Per comprendere la frenesia occorre andare molto indietro.

Fin dall'origine della vita vi è una spinta potente che muove l'animale ad andare verso le cose: l'**attrazione**. La prima forma di attrazione è la **chemiotassi**. La chemiotassi è la capacità delle cellule, dei batteri e degli altri organismi unicellulari di dirigersi verso uno stimolo chimico.

Il bisogno di sopravvivenza, come pure quello della riproduzione passa per l'attrazione. La spinta aumenta con l'aumentare della carenza, in presenza della quale l'attrazione si trasforma in frenesia e la ricerca subisce un potenziamento motivazionale.

È un po' la situazione dei predatori. Gli erbivori non devono rincorrere l'erba e le piante, mentre i carnivori devono mettercela tutta per sopravvivere. È evidente quindi che quando vanno a segno divorano in "preda" ad un piacere compensatorio, la cui soddisfazione ha l'effetto di potenziare l'azione. Inoltre il bisogno scatena la frenesia ed inibisce la repulsione, (vedi il predatore che si nutre di carogne), ma anche la paura, confermando l'attrazione forte avventandosi sulle prede senza controllo, divorandole con rapidità, magari ringhiando contro gli eventuali competitori.

La volpe o la faina in un pollaio non uccidono una sola preda, ma fanno un macello divorando un po' qua ed un po' là, prese dalla frenesia alimentare. La frenesia delle volpi che distruggono il pollaio, può essere vista come il punto di passaggio fra la spinta positiva (= volta solo alla sopravvivenza della specie) e la negativa frenesia.

Il discorso per l'uomo si fa molto più serio e tragico, perché la frenesia che parte dalle zone profonde del tronco cerebrale si generalizza a tutto il suo stile di vita, quindi all'alimentazione, al possesso, al sesso, al dominio e alle idee.

L'invidia è la frenesia ostile. Forse è l'emozione peggiore che il cuore umano possa covare e già a suo tempo Gesù ripeteva parlando di satana che era "invidioso ed omicida". Talché si può dedurre che il maligno sia omicida perché invidioso.

Il termine viene dal latino *in-vĭdēre*, un veder-dentro, un mal vedere, un guardare con occhio cattivo. L'invidia è caina. I testi biblici sono numerosi. Cito i più significativi:

- Caino ed Abele. Gen 4,3-8,
- I fratelli di Giuseppe lo vendono ai Madianiti. Gen 37
- Sap 2, 24: "*Ma la morte è entrata nel mondo per invidia del diavolo ...*"
- Passione di Cristo: uccisione per invidia. Giovanni cap 18 e 19.
- Mt 27,18 e Mc 15,10: Gesù viene consegnato per invidia.

L'invidia non va confusa con la gelosia. L'invidioso lo è per un bene che è degli altri. Il geloso lo è per un bene che è suo o lo ritiene tale. La gelosia viene attribuita a Dio, perché è l'atteggiamento di chi vuole difendere un bene che gli appartiene e su cui ritiene di aver un diritto, dai tentativi di un terzo di appropriarsene.

L'invidia viene invece attribuita al diavolo, il vero antagonista di Dio, il quale è invece geloso. L'invidioso non ama il prossimo perché si rattrista nel vederlo felice. Il geloso, amando qualcuno, o ritenendo di aver il diritto d'amarlo si rattrista per non averlo e teme che altri possano sottrarglielo.

L'invidia è emozione complessa che ne annida varie altre negative. A differenza della gelosia che accoglie anche il sentimento positivo dell'appartenenza, l'invidia include solo emozioni negative, come la **paura** e la **rabbia** per la fortuna ed il bene degli altri, sottoforma di **rancore** ed **astio**.

La radice dell'invidia è l'amor proprio, l'amore egoista, l'io centrato su se stesso, un io che non tollera che gli altri riescano, che vorrebbe essere il solo a eccellere e a suscitare l'ammirazione, per cui si rode per le virtù e la riuscita degli altri. Il terreno di cultura in cui il vizio si sviluppa è l'affermazione del proprio io, l'elevazione del proprio io a idolo, il culto dell'io che diventa dio.

L'invidioso applica a sé l'espressione: "Non c'è altro dio fuori di me" e si rattrista se qualche altro io emerge e si afferma. Si tratta di un sentimento talmente brutto e contrario alle tendenze della natura umana che l'invidioso tende a nascondersi perché lui stesso percepisce la bruttezza dei suoi sentimenti; si rode, vuole il male degli altri senza ricavarne dei benefici per sé.

È presente poi anche la **tristezza** ed il **tormento** per essere esclusi da ciò che si invidia negli altri.

Questo è l'aspetto meno esplorato dell'invidia, ma rappresenta il lato disedonico, potenzialmente patologico, giacché va a riverberarsi nell'equilibrio della persona e sulla sua possibilità di gustare la vita. Il tutto si configura come una potente ed incontrollabile spinta ostile (frenesia) nei riguardi degli altri, vissuti come indegni del bene da cui ci si sente esclusi.

L'invidia è un instancabile motore di ostilità, che avvelena le relazioni e carica di aggressività i rapporti. Alla base della malignità (da *malus*/cattivo e *gignere*/generare), del far e covar il male, c'è sicuramente anche l'invidia.

Descritta così sembrerebbe un sentimento praticato da pochi malvagi, ed invece è dentro il cuore di tutti, come ogni altra frenesia. Prima o poi tutti proviamo invidia. Chi non si è mai lasciato andare alla mormorazione, al commento maligno o al pensar male? Dietro questi comportamenti c'è sempre un sapore, un retrogusto d'invidia, non sempre consapevole.

Se siamo in una relazione ostile, rabbiosa o rancorosa con qualcuno, come segnalata dall'invidia, allora le azioni conseguenti non saranno che negative, dal volto scomparirà la serenità e l'espressione comunicherà contrarietà.

L'invidia avvelena le relazioni e priva la persona invidiosa di poter gustare la bellezza della felicità. L'invidioso non si rende conto che si costringe in questo modo a vivere una vita qualitativamente misera. Essere degli inguaribili invidiosi nasce da un modo d'esser profondo, che trae la sua spinta dall'incapacità di provare l'emozione specifica contraria: l'**ammirazione**.

L'invidia nasconde un atteggiamento carico d'odio, che è il contrario dell'amore. E a ben vedere, chi ama prova semmai gelosia, oppure gioisce del bene degli altri. L'invidioso rifiuta preclusivamente che gli altri sian migliori di lui. Non riesce ad accettare che l'altro abbia più successo o sia più stimato. Ciò si tramuta in un atteggiamento sospettoso, pronto a scovare sempre una qualche ragione nascosta e negativa che spieghi il tutto. Gli invidiosi credono facilmente alle teorie del sospetto.

Al contrario l'ammirazione è un'emozione che ha nel cuore lo stupore e la meraviglia.

Stupirsi è il lasciarsi colpire dalla bellezza, farsi ghermire da un sentire profondo ed intenso, d'incanto di fronte alle cose belle e alle meraviglie.

Esser capaci di stupore è la capacità del bambino di vedere le cose come se fosse sempre la prima volta e perciò con curiosità e gioia, ma soprattutto con innocenza. Se d'una cosa è priva l'invidia è proprio l'innocenza, la quale è quel guardare con occhio buono, innocente, cioè *in-nocens*, non nocivo. Diventa allora chiaro il detto di Cristo, condiviso da tutti i grandi dello spirito, poeti ed artisti, "se non diventerete come i bambini, non entrerete nel regno dei cieli", quello appunto vietato ai maligni, agli invidiosi e a satana.

Sarà allora evidente che l'invidia diventi un muro invalicabile che ci separa dalla felicità.

Il tormento è contrario alla serenità e alla pace. L'ostilità è contraria all'affetto e allo star bene con gli altri. La paura del non aver ed essere come gli altri è contraria alla fiducia.

Se allora si desidera esser felici convien non invidiare, ma imparare ad ammirare.

"Se desideri essere felice cerca di evitare di riempire il tuo sguardo delle cose degli altri, ma come un bambino rallegrati e stupisci per il bene loro, come se accadesse a te!"

Gelosia

Il termine geloso deriva dal tardo latino *"zelosus"* (in greco *"zelotòs"*): emulo, rivale.

In greco il zèlos ed il latino zelum sono lo zelo, l'emulazione, l'invidia e la gelosia.

L'etimologia di questa parola ci dice molto del suo contenuto. Il geloso è, alla lettera, un **rivale**: uno che deve competere con un altro o con molti altri per il possesso di un bene che ritiene gli appartenga.

La presenza, anzi il fantasma, all'interno di un rapporto amoroso, dell'Altro, cioè di una persona reale o solo temuta, con la quale si deve rivaleggiare, racconta di un rapporto difficoltoso che lega il geloso al suo partner. E soprattutto la dice chiara sul tipo insicuro di amore presente nella coppia.

La gelosia non è una emozione, che dura il tempo della presenza dello stimolo, ma è piuttosto una passione in quanto perdura nel tempo. Vi è nella gelosia un aspetto di frenesia che prolunga e perpetua il sentimento aldilà di un fatto presente e reale. La gelosia è diversa, sebbene sia inclusa, dall'amore, il quale è una questione esclusiva tra due individui: non prevede l'esistenza di una terza, o di terzi. L'amore non solo non prevede una terza persona, ma non la vede proprio.

In effetti la gelosia può essere il segnale d'un amore privo di fiducia. L'amore e la gelosia sono sentimenti che rivelano ambedue appartenenza, ma una fiduciosa e l'altra invece timorosa.

La gelosia è un sentimento complesso, una specie di matrioska emotiva che include in varia misura l'**attrazione affettiva**, la **paura**, la **rabbia**, e la **tristezza**, il **tormento**! È quella forma di affettività accentuata che può sfociare fino alle forme estreme della patologia.

La gelosia è la frenesia affettiva, cioè la passione che tormenta il cuore negli affetti più profondi.

Nella Bibbia Dio dice Sé: "sono un Dio geloso; punisco l'iniquità dei padri sui figli fino alla terza e alla quarta generazione di quelli che mi odiano, e uso bontà fino alla millesima generazione, verso quelli che mi amano" (Dt 5,9). Nel testo sacro la gelosia certifica il grande amore di Dio per il suo popolo e l'insopportabilità del tradimento.

La gelosia non va confusa con l'invidia. L'invidioso lo è per un bene che è degli altri, mentre il geloso lo è per un bene che è suo o lo ritiene tale. La gelosia viene attribuita a Dio, perché è l'atteggiamento di chi vuole difendere un bene che gli appartiene e su cui ritiene di aver un diritto, contro i tentativi di chi vorrebbe appropriarsene.

Mentre l'invidioso odia il prossimo perché si rattrista nel vederlo felice, il geloso, amando qualcuno, o ritenendo di aver il diritto d'amarlo, si rattrista per non averlo e teme che altri possano sottrarglielo. La degenerazione della gelosia è da considerarsi un male e spesso si configura come distruttività. La gelosia è un complesso stato emotivo che può manifestarsi nei confronti del/la partner, ma anche nei confronti di un figlio, di un genitore, di un amico e persino di un oggetto.

Nessuno può dichiararsi estraneo a questo sentimento che parte dal presupposto che potremmo perdere, da un momento all'altro, ciò che abbiamo di più "caro". Il solo pensiero che qualcuno possa sottrarci ciò che riteniamo prezioso ci procura inevitabilmente una serie di sensazioni negative.

La gelosia **sana** è quella che avvertiamo quando si profila una minaccia concreta alla nostra relazione affettiva, è un sentimento inseparabile dall'amore per i partner e naturalmente quando è presente a livelli accettabili diventa il sale della relazione.

La differenzia che passa dal geloso "normale" al geloso "patologico" è essenzialmente la diversa durata temporale nello sperimentare tali sentimenti.

Si parla invece, di gelosia **irrazionale** quando la paura di perdere quel che si ritiene essenziale per il proprio benessere, si manifesta anche in assenza di un motivo valido. La gelosia irrazionale prende origine da sospetti angosciosi senza riscontro nella realtà, la cui origine risiede solo "nella mente" del geloso.

La **gelosia paurosa**, caratterizzata da **timore** d'abbandono e sentimenti di **tristezza** per la possibile perdita, è indice d'insicurezza e si manifesta attraverso la ricerca continua di rassicurazioni. Spesso assume le forme della dipendenza attraverso comportamenti e manifestazioni di vicinanza appiccicosa, indice di carenze affettive pregresse non soddisfatte.

Quando invece diventa **ossessiva**, c'è la continua sorveglianza del partner, il quale sarebbe sottoposto/a a controlli, trappole, limitazioni e ritorsioni, se non addirittura a punizioni. IL geloso patologico crea continue distorsioni della realtà ed interpretazioni erronee degli eventi, fino ad arrivare a dei veri e propri "deliri di gelosia" che spesso sono all'origine di fatti tragici.

L'ossessività è generata dall'emozione inclusa della **paura** che non viene attenuata e superata, ed allora le immagini e le idee di infedeltà diventano incontrollabili sotto il dubbio lacerante, il quale non riesce a smettere di farneticare sulla infedeltà del/la partner.

Chi ne soffre è continuamente alla ricerca di segnali che possano lenirlo, confermarlo o smentirlo.

Allora il geloso si trasforma spesso in un detective a tempo pieno alla ricerca delle infedeltà del partner. I gelosi ossessivi riescono a riconoscere l'infondatezza dei loro sospetti, arrivano anche a vergognarsene, ma sono, loro malgrado, trascinati e sommersi dalla tormentosità del dubbio.

Così c'è chi sottopone tutti i giorni la moglie o il marito a martellanti interrogatori, chi controlla minuziosamente la castità del suo abbigliamento o la corrispondenza del partner e chi magari anche la biancheria intima alla ricerca di attività sessuali illecite ed ora il computer o il cellulare.

Queste persone riescono a rendersi conto delle loro esagerazioni, ma "non ce la fanno" a cambiare condotta, né a scacciare dalla propria mente certi pensieri pur sentiti come assurdi.

I loro sentimenti di gelosia vengono vissuti e sono permeati da un incoercibile dubbio, spesso ossessivo. Quando viene criticato il geloso ossessivo nega, oppure vive con pena il fatto di provarli e ancora di più di sentirsi come obbligato alle conseguenti condotte comportamentali, fino a momenti di possibile grave malessere nell'io.

Stupisce come a volte l'Altro accetti a lungo tutto questo, suggerendo come nella scelta del partner non si debba più parlare di un singolo malato, ma di una coppia gravemente disturbata.

Gelosia diffusa o Sindrome di Mairet

Vi sono poi persone che vivono in un clima pervaso da estese gelosie (iperestesia), che si proiettano su ogni persona, cosa ed oggetto.

I pensieri ricorrenti sono talmente persistenti che spesso costituiscono un vero e proprio stato doloroso di vita, diventando i compagni insostituibili di ogni relazione umana significativa soprattutto se sentimentale. Il parlare con gelosia è in questa condizione la forma prevalente, con una forte componente affettiva (appiccicosità o pretesa d'esser sempre al centro) pur mantenendo un costante confronto con la realtà. Inoltre spingono fortemente ad azioni sentite dal contesto socio-culturale come abnormi e patologici: le cosiddette scenate, sfuriate o piazzate imbarazzanti di gelosia.

Gelosia delirante o Sindrome di Otello

Nella **Sindrome delirante** la persona è convinta dell'infedeltà del partner e ricerca e trova "conferme" del tradimento ovunque. Tenta in ogni modo di strappare la confessione al partner e attua rimedi contro la sua supposta infedeltà restringendone l'autonomia o assoldando investigatori. L'ammissione del tradimento viene presentata sempre come "la medicina" che porrà fine ai tormenti e ai dubbi che ne conseguono. Talvolta il partner accusato, nella speranza di porre fine ad una situazione insostenibile, ammette un magari inesistente tradimento, il che può rivelarsi fatale e scatenare la rabbia del geloso patologico.

E qui lontano dal placarsi, il delirante, che ha finalmente avuto la conferma delle sue certezze, diventa più aggressivo e tenta di far ammettere ulteriori infedeltà.

Questo tipo di gelosia può giungere ad atti violenti nei confronti del partner o del presunto amante. Spesso questo comportamento è una complicanza dell'alcolismo cronico.

Tralasciando le forme patologiche, quello che bisogna tener presente è che una persona eccessivamente gelosa è certamente anche una persona insicura, che tende a vedere l'Altro come qualcosa da possedere, da far proprio.

Quando il normale desiderio di esclusività per l'Altro lascia spazio a limitazioni della libertà, a sentimenti di possesso, non si è più dinanzi ad un rapporto amoroso bello ed equilibrato, con quel pizzico di sale in più che rende frizzante l'amore, ma in una relazione in cui di amore, molto probabilmente, ce n'è ben poco.

Ovviamente i casi variano da coppia a coppia, nel senso che esistono relazioni in cui la gelosia può paradossalmente far piacere all'altro e fungere da collante. In generale però, se ci si trova nei panni del geloso, è bene cercare di capire l'altra persona e le sue esigenze, comprendere che si tratta di un individuo indipendente, e non di una nostra "estensione", come tale dotato di proprie personalissime esigenze, fatte magari di spazi che non prevedono la nostra presenza.

Non dobbiamo per questo sentirci meno amati, anzi, dobbiamo tener presente che sono proprio l'esperienze non condivise che costituiscono un'importante materiale di scambio una volta che i due si ricongiungono, magari a fine giornata: avere cose da raccontarsi allontana la noia e la monotonia di un rapporto fatto di solo tempo trascorso insieme.

Il dialogo, come in molti casi, è la soluzione migliore: parlare delle proprie debolezze e fare una sana autocritica, ci aiuta non solo a capirci, ma anche a farci capire dall'altro e a farci aiutare. È indispensabile che anche colui/colei che questa gelosia la subisce provi a capire cosa prova l'altro nei momenti di crisi. I sentimenti espressi e raccontati hanno il benefico effetto di attenuare gli aspetti di sofferenza, ricordando sempre che un'emozione inespressa diventa agita, cioè azione che va a colpire e ad allontanare l'altro.

"Se desideri essere felice, prova ad evitare di riempire la tua mente di sospetti, ma come un innamorato felice stupisciti per il Dono dell'Altro, perché ti sta incredibilmente accadendo l'Amore!"

Preghiera degli innamorati

Padre, noi veniamo a Te, mano nella mano, per elevarti l'inno di lode del nostro amore.

Tu sei la fonte indicibile d'ogni sospiro e d'ogni slancio.

Tu sei la forza che unisce i cuori e li riempie delle dolcezze dello Spirito.

Padre, Tu ci scruti e conosci le strade da cui veniamo, perciò guarda con tenerezza al nostro amore. Riempilo del tuo progetto e profumalo della generosità che si espande.

Padre, nel nome di Gesù, purifica ogni nostro sentimento e riempi della tua gioia ogni nostro passo.

Ponici sotto le ali del tuo Amore e guidaci con i tuoi angeli nei sentieri della benevolenza.

Non ci lasciar mai soli e sorridi sulle nostre debolezze, perché noi ci amiamo.

Non far scendere la sera sui nostri pensieri e sui nostri corpi senza la consolazione del tuo perdono e accogli il nostro amore nel nido del tuo cuore, come dono uscito dalle tue mani per la nostra felicità e l'elevazione delle nostre vite.

Amen

LA FELICITÀ PERFETTA

Le frenesie

Tutte le grandi religione ed anche molta filosofia si sono esercitate nell'identificazione di ciò che è da evitare per non soffrire, per ottenere la liberazione dal dolore o per essere felici.

I dieci comandamenti biblici potrebbero essere preceduti dalla semplice frase "se vuoi essere felice" e successivamente "fai questo, quello" oppure "non far questo e quello".

Negli insegnamenti orientali ritorna continuamente l'invito a non lasciarsi prendere dalle tre grandi frenesie umane della bramosia, dell'odio e dell'illusione. Il raggiungimento del nirvana, della quiete assoluta e della beatitudine perfetta richiede il loro definitivo superamento.

Secondo la prospettiva fin qui seguita la bramosia è la frenesia dell'azione, l'odio della relazione e l'illusione della mente.

Abbiamo già visto come l'odio, l'invidia e la gelosia siano frenesie che distruggono la relazione generando sofferenze, violenze e distruttività che minano ogni relazione, con la conseguente antiedonia del senso di colpa e del tormento per chi la pratica, del dolore per chi la subisce. Ovviamente con l'odio se ne va anche ogni possibilità d'essere felici.

Le frenesie dell'azione sono molteplici: la brama, il desiderio, l'avidità, l'ambizione, la cupidigia, l'ingordigia, la sete, la concupiscenza, ed altre. Qui ci interessiamo delle due più forti, le quali poi includono anche le altre.

La prima, la brama, che è la frenesia del possesso, vive nell'insaziabile ricerca continua della ricchezza. Il meccanismo perverso che allontana da ogni possibile felicità, sta nella schiavitù che le cose esercitano sul bramoso. Non sono le cose, le ricchezze al suo servizio, ma il bramoso che le rincorre e fa dipendere da loro la sua felicità.

La seconda, il dominio, che è la frenesia del potere, si esercita nel controllo esercitato sugli altri portato avanti con ogni mezzo: seduzione, blandizie, corruzione, impaurimento, violenza. Ogni mezzo è buono purché rinforzi il potere. Non c'è amore e non c'è filia nella relazione di dominio: l'altro è umiliato nella sua dignità e limitato nella sua libertà. Ovviamente anche per questa strada non si può mai approdare alla felicità.

La frenesia della mente è l'illusione, la quale si nutre di apparenza e vanità.

Una delle caratteristiche irrinunciabili della felicità è l'umiltà, intesa come fedeltà alla realtà nella sua semplicità, ciò che proprio non fa l'illusione, la quale lascia la mente in balia di tutto, fuorché della verità, il suo nutrimento migliore.

Le beatitudini

L'esempio migliore di perfetta felicità, anche se non è l'unico, si ritrova nelle beatitudini del Discorso della Montagna. Il testo che ho scelto è quello completo di Matteo 5, 3-13.

Il termine beato ha il significato di "perfettamente felice", perciò il raggiungimento della perfetta felicità, una volta superate le tre grandi frenesie, si attua attraverso la loro pratica. Le beatitudini condensano ogni consiglio e proposito di felicità.

«*Beati i poveri in spirito, perché di essi è il regno dei cieli.*»
Il povero nello spirito è colui che non tiene il suo cuore abbarbicato a nulla e non ripone la propria sicurezza in ciò che possiede. Infatti, colui che è attaccato, è posseduto da ciò che lo tiene legato e gli toglie la libertà dello spirito. Normalmente il ricco cerca di aumentare la propria ricchezza sebbene possieda più di quanto abbia ragionevolmente bisogno.

Il regno dei cieli è quantomeno un regno di libertà e non sopporta alcuna schiavitù, neanche quella delle cose. Perciò, se si vuole essere veramente felici, bisogna sgombrare il cuore dalle fantasie di ricchezza, la quale può dare agiatezza e delle gioie, ma mai felicità.

«Beati gli afflitti, perché saranno consolati.»
L'afflizione non va confusa con la tristezza o addirittura con la disperazione.

Il termine viene dal latino *ad-fligere* che letteralmente si traduce ad urtare. L'afflitto è colui che è urtato e dolorosamente colpito dal male che lo circonda.   Il suo dolore è originato dalla visione del negativo che si espande, si impossessa della realtà umana e va a corrompere tutto. Perciò, se si desidera essere veramente felici, bisogna mantenere lo spirito vigile e lo sguardo innocente di fronte al male, di modo che l'afflizione provocata dalla sua visione faccia evitare il suo pungiglione velenoso e corruttore. In questo modo non mancherà la consolazione della coscienza.

«Beati i miti, perché erediteranno la terra.»
I prepotenti d'abitudine conquistano la terra con la violenza, ma il possesso toglie loro l'indipendenza dello spirito. Il mite invece gode nel praticare una serena relazione con tutti. Egli sa che la vera ricchezza non sta nel avere tanti rapporti, ma nel praticare autentiche e pacifiche relazioni con tutti per essere amato. Perciò, se si vuole essere veramente felici, bisogna evitare la violenza e abbandonarsi alla tenerezza la quale insegna a diventare i signori dei cuori e della terra.

«Beati quelli che hanno fame e sete di giustizia, perché saranno saziati.»
Il giusto è colui che mantiene un cuore innocente. Presso gli ebrei riveste il ruolo di colui che noi definiamo santo. Egli ha rapporti di rispetto con Dio e con gli uomini. Non si stanca mai di additare il supremo valore della giustizia, la quale accende come un fuoco ardente la sua vita e informa il suo fare. L'onestà è il suo pane quotidiano ed il significato

delle sue azioni. La verità del suo agire inevitabilmente si farà strada, allora la sua fame di giustizia sarà saziata. Perciò, se si vuole essere veramente felici, bisognerà non tradire mai la coscienza con compromessi o ingiustizie, perché si indebolirebbe e lentamente ne morirebbe trascinando l'ingiusto nel suo tragico destino.

«Beati i misericordiosi, perché troveranno misericordia.»
Il misericordioso è colui che come un padre si china verso il piccolo per accoglierlo fra le sue braccia e, come una madre, si fa caldo grembo per la vita e petto che nutre il figlio. Non credo vi possa essere definizione migliore della misericordia. Il sentimento che maggiormente la segnala è la tenerezza. Perciò, se si vuole essere veramente felici, bisogna evitare la durezza e riempire il cuore di tenerezza.

«Beati i puri di cuore, perché vedranno Dio.»
La purezza si accompagna alla limpidezza, alla semplicità e alla bellezza. Non sopporta la presenza di elementi che mescolati la alterino intorbidandola e snaturandola. La sua trasparenza rifiuta ogni nascondimento ed impurità. È aliena dal sospetto e dal calcolo. Va verso le persone e le cose con diretta immediatezza. Un cuore puro possiede lo sguardo capace di vedere le tracce di Dio nelle cose create. Perciò, se si vuole essere veramente felici, bisogna mantenere il cuore limpido, semplice, bello e innocente, evitando di intorbidarlo indugiando l'occhio e la fantasia su violenza e nefandezze. Allora accadrà che, contemplando ogni cosa, si scopra che Dio continui a passare in mezzo a noi.

«Beati gli operatori di pace, perché saranno chiamati figli di Dio.»
Ogni padre ha come sommo desiderio che i suoi figli vivano in pace fra loro e si amino. Nel suo cuore avrà perciò un particolare sentimento di tenerezza e gratitudine per coloro che intessono continue azioni di concordia fra tutti, perché l'unità dei figli è la perfetta testimonianza del suo amore che si avvera. Perciò, se si vuole essere veramente felici, bisogna creare intorno un clima di pace, evitando le inutili contrapposizioni, rispondendo al male con il bene e

asfissiando d'amore i nemici. Allora l'azione sarà divina e Dio riconoscerà i suoi dalla pace e misteriosamente li accarezzerà con il suo amore.

«Beati i perseguitati per causa della giustizia, perché di essi è il regno dei cieli.»

Il giusto è il giudizio vivente per l'ingiusto. La sua presenza è una sentenza che si ripete. La tentazione di coinvolgerlo o di assimilarlo nell'ingiustizia comune, offre il vantaggio della giustificazione, perché dove tutti sono colpevoli, nessuno è colpevole. Infatti, non potrebbe esserci giudizio là dove anche il giudice fosse ingiusto. Ma se rimane anche un solo giusto, allora tutti gli altri sono relegati nell'angolo dell'ingiustizia. A quel punto per i colpevoli non resta che riconoscersi come tali o perseguitare il giusto. Il regno dei cieli è anche il regno della giustizia, ecco perché spetta di diritto al giusto. Perciò, se si vuole essere veramente felici, bisogna evitare di cadere nei vortici dell'ingiustizia e della colpevolezza. La serenità della coscienza sarà l'anticipo ed il acconto del regno dei cieli.

«Beati voi quando v'insulteranno, vi perseguiteranno e, mentendo, diranno di voi ogni sorta di male contro di voi per causa mia. Rallegratevi ed esultate, perché grande è la vostra ricompensa nei cieli. Così infatti hanno perseguitato i profeti prima di voi.»

L'inquietante e disarmante chiarezza di questa beatitudine mostra senza mezzi termini lo scenario della lotta ed i costi connessi alla scelta dei valori che sono collegati al regno dei cieli.

Il termine profeta viene dal greco *pro-phemì*, parlare davanti, parlare per. Lasciato il consueto significato di prevedere il futuro, il termine ci rimanda al testimone, che nel caso specifico è il testimone della divinità. Il profeta è colui che testimonia Dio ed il suo regno. Si tratta del regno dei cieli, che è presente in mezzo a noi attraverso i valori ed i significati positivi attuati nella nostra vita. Tra il regno dell'amore ed il mondo della frenesia vi è un'insanabile opposizione e conflitto, altrove identificati come bene e come male. La battaglia, prima ancora che fra opposte schiere, è dentro di noi. Molti si fermano in mezzo al guado, altri invece col tempo si schierano e diventano riconoscibili: sono i profeti e i figli della luce opposti ai seguaci del mondo notturno delle frenesie, della persecuzione e della malvagità. La presenza degli uni come degli altri impone sempre una scelta. Ed è impossibile restare indifferenti.

Perciò chi ha scelto la luce si aspetti d'esser perseguitato: così infatti è stato per i profeti. Ma se tutti ci lodano, allora si deve stare attenti, perché molto probabilmente ci si è adeguati e lasciati omologare e assimilare allo spirito del mondo.

Perciò, se si vuole essere veramente felici, prepararsi prima o poi ad essere perseguitati e disprezzati. Si sarà comunque in buona compagnia: profeti, santi, giusti e pacifici lo sono stati prima di noi.

Conclusione

Alla fine di quest'ultima riflessione diventa chiaro come sia difficile esser felici, e ancor più perfettamente felici. Magari non basta una vita intera. Molti si accontentano delle soddisfazioni, dei piaceri e di qualche gioia. Ma la felicità è di più e si distende nel tempo.

I nemici della nostra felicità sono prima di tutto dentro di noi e sono le tante frenesie che ci assaltano con le loro lusinghe ed illusioni.

A noi basti ricordare sempre che essa dipende unicamente dalla qualità delle relazioni che abbiamo con noi stessi, con la nostra storia e con gli altri, connesse alle intenzioni che guidano il nostro agire.

"Se desideri essere felice, ama sempre e coltiva sempre nel tuo cuore intenzioni limpide e benevoli."

Il giorno di Re Wind

In quel tempo Dio andò a sfogliare la Cabbalà e lì vi lesse che avrebbe creato più volte il mondo. Per l'esattezza ci avrebbe provato per ben trentotto volte prima di rassegnarsi alla speranza che potesse tenere. Poi aveva affidato all'uomo il compito di completare l'opera.

Decise allora che era il caso di scendere sulla terra a dare un'occhiata sullo stato d'avanzamento dei lavori. Ma qui giunto, rimase frastornato dal rumore e dagli odori così diversi dai suoni e dai profumi che aveva lasciato quando ancora passeggiava con l'uomo nei giardini di Eden allo spirare della brezza della sera.

Si mise allora a cercare e trovò degli strani esseri che imitavano in modo frenetico le tartarughe chiudendosi entro scatole di latta che poi si scontravano fra loro. Più in là altri come scimmie di specie diversa vestivano divise dai colori differenti e si contendevano il territorio ed il cibo depredandosi e uccidendosi fra loro. Molti poi sedevano come animali letargici e immobili davanti ad uno schermo. Vagò per ore ed ore finché fu attratto da un anziano dall'ampia capigliatura candida, con il volto pensoso e baffuto e lo sguardo da bambino. Cominciò ad ascoltare i suoi pensieri che volavano fra le stelle e s'immergevano negli atomi inseguendo le particelle come fossero delle farfalle.

Era diventato vecchio senza accorgersi, perché non aveva mai perso la passione per la cose come i bambini. Giocava coi perché ed inseguiva i disegni del creatore nelle poesie delle cose e dei numeri.

Dio vide che faceva al caso suo e si sedette al suo fianco.

Non fu difficile conversare con lui: parlavano la stessa lingua.

Il vecchio, mentre conversava e ragionava dello spazio-tempo con lo sconosciuto, sentiva il cuore scaldarsi.

Poi lo sconosciuto cominciò a raccontare la storia del mondo in un modo tutto suo. Aveva uno strano concetto del tempo come se fosse un elastico dalla duttilità infinità. Il tempo poteva essere lunghissimo, come un attimo in cui il passato ed il futuro potevano essere facilmente compressi e condensati nel momento presente. Vi era un'altra dimensione, quella dello spirito, che poteva circondare in una frazione di tempo ogni cosa, avvolgendola nello stupore infinito.

«Vedi, gli spiegava, se tu rifletti, in ogni attimo vi è presente il principio di tutto sotto forma di realizzazione. Quindi tutto il passato è qui, ma anche il futuro è qui e lo stai decidendo anche tu. Il presente è l'eternità, perché nel presente l'inizio, cioè il passato, diventa il fine, cioè il futuro.»

Il vecchio annuiva con il capo e pensava che la velocità della luce avesse sicuramente qualcosa a che fare con quelle spiegazioni. Allora lo sconosciuto, quasi conoscesse i suoi pensieri, gli parlò di un regno di luce, ma di una luce dalla velocità infinita, mai esausta e sempre viva.

Intanto il sole andava assopendosi verso la lunga linea del tramonto.

Il vecchio pensò che lo sconosciuto di lì a poco se ne sarebbe andato e che forse non l'avrebbe mai più rivisto. Ne provò dispiacere. Allora gli chiese un ricordo.

L'altro lo guardò e provò per lui grande affetto. Poi si chinò e scrisse sulla terra una semplice formula: la formula di Re-wind.

Il vecchio la lesse. E mentre guardava lo sconosciuto che si allontanava, con il capo continuava ad annuire e a sorridere.

Quella sera mangiò qualcosa distrattamente, mentre seguiva tutti gli sviluppi della formula. Ma poi si accorse che era subito facilmente applicabile a sé, come si fa con un cd nel computer. Allora la sua curiosità ebbe subito il sopravvento.

Comodamente seduto sulla sua poltrona s'immerse con tutta la forza della sua fantasia nella formula di Re-wind. Rapidamente tutto quello che gli stava intorno divenne come immobile e vide che nel presente era scritto tutto il passato, il quale gli veniva incontro automaticamente solo che lui lo desiderasse. Ma, come si volgeva dall'altra parte anche il futuro lo circondava con tutte le sue novità. Questo però cambiava soluzione in base ai suoi sentimenti e alle sue aspettative e ciò non gli pareva logico. Come mai il futuro aveva questa grande duttilità? Allora si spinse molto in avanti e da quel punto di vista si mise ad analizzarlo facendo re-wind: così si accorse che ad ogni bivio verso il futuro c'erano anche le sue scelte. Allora provò grande sgomento! Con frenesia si lanciò in un re-wind frenetico verso il passato. Srotolò in senso inverso come in una moviola la sua vita passata. Quello che vedeva non erano però delle immagini, ma dei colori che emanavano luce, accompagnati da odori ed emozioni.

Rapidamente cominciò a riconoscerli e ad esserne sconvolto o esaltato.

Vide solo una volta la luce nera. E tale era il sentimento di terrore che lo sconvolse dentro, misto ad un odore acre di morte, che credé di morirne. La radiazione scura che usciva dal suo petto e dalla sua fronte aveva il potere di oscurare le luci intorno ingoiando ogni colore come in un buco nero.

E ricordò. Con infinita sofferenza ricordò. Ricordò quel tradimento che lo aveva profondamente ferito e incattivito. Sì, aveva desiderato con tutte le sue forze vendicarsi ed aveva odiato. Ma ora stava rivivendo in modo vivido i fatti passati immerso in un fetore mortale e non sapeva dove volgere lo sguardo per chiedere aiuto. Poi sollevando il capo dall'angoscia che l'opprimeva implacabile incontrò un volto dallo sguardo pacato e misteriosamente sereno e riconobbe lo sconosciuto della sera prima.

Vide che la luce nera non aveva alcun effetto su di lui. Allora ebbe un moto di pentimento e allungò la mano nel gesto di chiedere aiuto.

Dal cuore della Presenza uscì una luce bianca e calda ed un intenso profumo lo avvolse. Gli parve di morire di gioia. All'ombra del suo Sguardo scese fino a tuffarsi nella luce rosata ed azzurrina del grembo di sua madre. Lo invase un intenso sapore di latte e pane. Tutto profumava di fragranza materna nel tepore di un cullare al suono lontano e profondo d'un battito.

Volle andare ancora più in là a curiosare negli affetti di suo padre e di sua madre, ma si trovò avvolto dalla Presenza che amorevolmente lo istruiva sull'inconoscibilità degli eventi cui non aveva partecipato e perciò non era responsabile.

Allora all'ombra del suo Sguardo riprese il percorso verso il presente passando tra infiniti colori che si confondevano con odori, profumi e parole: tante parole che cambiavano colori e percorsi.

Poco alla volta si rese conto del loro potere di modificare i colori degli altri e addirittura gli odori. Le parole profumavano; le parole sporcavano e spegnevano; le parole creavano musica e rompevano melodie. Le sue parole investivano la luce degli altri modificandola. Un infinito effetto domino da lui partiva investendo come un'onda che parte dal centro di uno stagno e si propaga in tutte le direzioni.

E la luce era la sua anima.

Quando passò in zona innamoramento rimase avvolto da una soave essenza che riempiva l'aria di farfalle ed api e tutto intorno si faceva primavera. L'amore che faceva tremare il suo corpo diventava profumo fino a contrastare gli odori nauseabondi dei corpi chiusi ed accartocciati su se stessi. Ed il profumo usciva dal tempio del suo corpo.

All'età dei grandi pensieri l'aria era ovattata o tormentata da rumori di fondo. Tante note solcavano l'aria ora intenerendo il cuore e accarezzando l'anima, ora percuotendo il sentimento e graffiandolo.

E tra le note diverse vi era quasi uno scontro fisico che andava dal frastuono al silenzio.

Improvvisamente era trasportato per l'aria dai suoni degli altri, dai loro odori e si colorava di altra luce. Comprese che la fonte di ogni suono era il pensiero.

Dovette risalire vari anni prima che potesse governare la sua musica. Allora capì che poteva resistere alle folate che lo investivano.

Quando entrò nell'età matura vide la meschinità della gelosia ed ebbe compassione. Subito la luce scura che veniva dall'altro non ebbe più alcun potere su di lui, né l'odore acido più lo raggiunse, mentre nella sua mente il concerto dei pensieri saliva alle alte melodie dei violini e delle viole.

Più avanti, non più disturbato, vide il concatenamento degli eventi e comprese come tutto fosse tenuto insieme dalla relazione e come ogni singola modificazione cambiasse tutto il quadro prospettando uno scenario nuovo.

Da ogni punto la luce poteva essere modificata assieme agli odori e ai rumori.

Un grande timore lo prese dentro. Con spavento sentì su di sé la responsabilità dell'universo.

Ancora una volta alzò gli occhi verso lo Sguardo e ne fu illuminato.

Un fiotto immenso di luce attraversò ogni cosa e l'universo intero divenne luminosamente terso e puro. Contemporaneamente sentì dentro la Parola della Presenza:

«Quello che hai visto è il giorno di Rewind. Il suo tempo si appressa velocemente. Tutti mi vedranno e saranno messi davanti alla piena consapevolezza delle loro vite. Molti moriranno per lo spavento, altri dimenticheranno completamente il passato, altrimenti non potrebbero resistere a lungo sotto il peso della responsabilità universale. Poi il mondo ripartirà dalla nuova coscienza.»

Il vecchio si fece coraggio e chiese: «Ma non potrei insegnare a tutti la formula di Re Wind?»

La Presenza gli mise nel cuore questa conoscenza: «Per capire ed usare la formula bisogna possedere la saggezza del vecchio ed avere il cuore del bambino. Perciò gli adulti ti derideranno e i bambini al contrario non ne avranno bisogno. Non parlarne con nessuno, affinché il loro rifiuto non aggravi la loro angoscia nel giorno di Rewind.»

Il vecchio ebbe tristezza mentre il presente intorno a lui cominciava ad allungarsi, ma nel cuore gli era rimasta la capacità di ascoltare la Parola e di vedere lo Sguardo.

Allora alzò il suo canto all'Essere, alla Presenza che lo avvolgeva con le braccia dell'amore.

Il pastore dell'essere

Il pastore dell'essere radunò
gli alberi all'ombra degli uomini,
perché li accarezzassero,
e le foglie si piegarono al fruscio delle mani
e partorirono fiori e frutti.

Il pastore dell'essere
pascolò il vento col profumo di molecole danzanti.
Poi diresse il concerto delle acque,
il coro delle gocce e mille strumenti di onde e
cascate.
C'erano i fiati della pioggia,
i violini dei ruscelli
e dei mari le percussioni profonde.

Il pastore dell'essere
aprì una stanza per ogni animale
e pose a guardia della casa
bianche e gravide lupe.
Poi impugnò l'insonne vincastro
e andò a custodire la vita,
tenendo i cuccioli sul cuore,
nelle mani i pulcini
e i candidi germogli sui capelli.

Il pastore dell'essere
supplicò il sole di scaldare i piccoli
e Dio di moltiplicarli.
Poi si pose a guardia del confine
contro i ladri di respiro.
Allora gridò forte l'eterno «Mai»

accompagnato dalle melodie dei grembi
contro il Nulla velenoso.
Con lui sussurravano la preghiera
il segreto suono d'infiniti semi
e il pigolio sommesso d'infinite uova.

Il pastore dell'essere ha un solo nome.
Chi lo conoscerà, allatterà al suo seno l'essere.

Nel giorno di Pentecoste voglio terminare queste mie riflessioni con un saluto:

" Vi sorrido!"

San Bonifacio, 8 giugno 2014

www.ingramcontent.com/pod-product-compliance
Lightning Source LLC
Chambersburg PA
CBHW030442290526
45786CB00001B/404